WIEN

terra magica®

Für Christine

Fotos: Kurt-Michael Westermann
Text: Walter M. Weiss
Gestaltung Umschlag: Wolfgang Heinzel
Lektorat: Samuel Bieri

© 2003 by Reich Verlag / terra magica, Luzern/Switzerland
Alle Rechte vorbehalten. Printed in EU
ISBN 3-7243-0378-5

Terra magica ist seit 1948 eine international geschützte Handelsmarke und ein eingetragenes Warenzeichen ® des Belser Reich Verlags AG.

Bild auf Vorsatz vorne
Der Turm von Wiens erzbischöflicher
Kathedralkirche – St. Stephan – ist 137 m hoch

Bild auf Seite nach Vorsatz vorne
Abenddämmerung über der Alten Donau auf
Höhe des Gasthauses «Birne»

Bild rechts
Die barocke Karlskirche, erbaut Anfang des 18. Jhs. von
Johann Bernhard und Joseph Emanuel Fischer von Erlach

Bild auf Seite vor Vorsatz hinten
Propsteipfarreikirche «Zum Göttlichen Heiland»,
besser bekannt als Votivkirche, 1879 fertiggestellt

Bild auf Vorsatz hinten
Riesenrad und andere Fahrgeschäfte im Prater

terra magica

WIEN

KURT-MICHAEL WESTERMANN · WALTER M. WEISS

terra magica
SPEKTRUM

Inhalt

Ein kurzer Gang durch Wiens Geschichte 5
    Die Habsburger als gestrenge Herren 5
    ... und als glänzende Bauherren und Mäzene 6
    Biedermeier und Vormärz: Beschaulichkeit und Repression ..8
    Aufstieg zur modernen Weltstadt 8
    Vom Zerfall der Monarchie zum Bürgerkrieg 9
    Katastrophe und Wiederaufstieg 10

Ein architektonischer Überblick mit Hauptaugenmerk auf die Moderne 12
    Die Glanzzeit nach den Türkenkriegen 12
    Die Biedermeierzeit – Rückzug ins Private 12
    Otto Wagner – Vater der modernen Stadtstruktur 16
    Adolf Loos – der «Meister der Weglassung» 18
    Kommunaler Wohnbau im «Roten Wien» 20
    Die Nachkriegszeit – zwischen Sachzwang und Größenwahn 22
    Gesinnungswandel zu mehr privat 24
    Mit Bedacht sanieren und restaurieren 25
    Die Avantgarde der letzten Jahrzehnte 26

Musik und Literatur – die ganze Stadt ist Bühne 30
    Musikgeschichte – Höhepunkte am laufenden Band 30
    Vom Schreiben und Sprechen – Dichtkunst und Theater in Wien 34
    Glanz und Vielfalt der Konzert- und Bühnenwelt 40
    Von der Kunst des Festefeierns 44

Alte und Neue Kunst: Museumslandschaft 47
    Zwischen Tradition und Moderne: Kunsthistorisches und Museumsquartier 47
    Betörende Museumsvielfalt oder: die Qual der Wahl 52
    Ein Dornröschenkuss für die Museumsszene 64

Drei Wiener Spezialitäten: Café, Heuriger und Tod 65
    Das Kaffeehaus 65
    Der Wiener Heurige 70
    Eine ewige Liebe: die Wiener und der Tod 73

Wiens Burg: Brennpunkt von Prunk und Macht 77
    Reithalle, Lesesaal, Mietwohnungen und Museen 82

Die Ringstraße: Boulevard einer Weltstadt 92
    Die Staatsoper und der Museums-Zwilling 98
    Vom Parlament zur Universität, vom Burgtheater zur Börse 112

Der Nabel Wiens: die Innere Stadt 117
    Der Reiz der Kontraste: Haas-Haus, Steffl und k&k-Geschäfte 117
    Vom Römerbordell durch das Bermudadreieck ins Blutgassen-Viertel 150

Herzlich willkommen in Wien!

Von der Neuen Donau an den Donaukanal 153
    Die Donauinsel – eine Adria im Binnenland 153
    Mexikoplatz – wo der Balkan beginnt 156
    Die Leopoldstadt – Wiens Juden einst und heute 158

Biedermeier pur in der Wiener Vorstadt 159
    Mariahilfer Straße und Naschmarkt 159
    Mechithar und das Großbürgertum 163
    Alsergrund – der Bezirk, der Heilung verspricht 163

Barocke Pracht und bunte Kuriositäten 166
    Schloss Schönbrunn – das Versailles der Habsburger 166
    Prinz Eugens Schloss Belvedere 172
    Hundertwasser und sein Haus 175

Wald, Wasser, Luft – eine grüne Metropole 180
    Der Wienerwald – grüne Lunge und Naherholungsgebiet ..180
    Lainzer Tiergarten, Prater, Wiener- und Laaerberg 184

Zeittafel in Deutsch 188
Chronological table (in English language) 194
Stadtplan 196
Register 197
CD Anton Karas «Der dritte Mann» 199

terra magica

Ein kurzer Gang durch Wiens Geschichte

Wiens strategisch günstige Lage an der Donau und am Schnittpunkt überregionaler Verbindungswege verlieh dem Ort seit alters auf der Bühne der mitteleuropäischen Geschichte eine beträchtliche Bedeutung. Bereits im ersten Jahrhundert vor Christus errichteten die Römer neben einer älteren keltischen Siedlung hier ein Militärlager, das die weiter östlich gelegene Hauptstadt der Provinz Pannonien, Carnuntum, schützen sollte. Dieses Castrum, Vindobona mit Namen, das auf steiler Uferterrasse einen Teil der heutigen Innenstadt einnahm, erhielt im 3. Jahrhundert eine Zivilstadt beigesellt.

Über beider Schicksal während der Völkerwanderung ist wenig bekannt. Fest steht, dass im 10. Jahrhundert, nachdem Otto der Große das Gebiet von den Magyaren rückerobert und Bayern mit seiner Kolonisierung begonnen hatte, auf dem Boden der römischen Befestigung eine wehrhafte Kirchensiedlung bestand. Mitte des 12. Jahrhunderts – inzwischen hat das ostfränkische Geschlecht der Babenberger die Herrschaft über die Stadt erworben, und in deren Zentrum, am Kreuzungspunkt wichtiger Handelsrouten zwischen der Levante, Italien und Nordeuropa, ist die Stephanskirche gegründet worden – verlegt Heinrich II. Jasomirgott seine Residenz nach Wien. Die dank dem Donauhandel und auch der Kreuzzüge aufblühende Stadt erhält erst eine Münzstätte, später das Stadt- und Stapelrecht und schließlich die Reichsfreiheit.

Die Habsburger als gestrenge Herren ...

Nach dem Aussterben der männlichen Babenberger und einem längeren Erbfolgestreit fällt sie zwischenzeitlich an den Böhmenkönig Ottokar, 1278 jedoch, nach der Schlacht auf dem Marchfeld, an König Rudolf I. von Habsburg und damit an jenes Geschlecht, das Wien für die nächsten 640 Jahre beherrschen sollte. Wesentlichen Anteil am Aufstieg der Stadt zur Kulturmetropole von europäischem Rang hat Rudolf IV., genannt «der Stifter». Er veranlasste den Ausbau der Stephanskirche im gotischen Stil und gründete 1365 die hiesige Universität – immerhin die erst zweite im gesamten deutschen Sprachraum. Um 1500, am Ende des Mittelalters, zählte Wien rund 20 000 Bürger, die in rund 1250 Häusern innerhalb der Mauern und 900 in den Vorstädten wohnen. Die Endphase des Mittelalters, die Zeit Friedrich III., ist von starken Gegensätzen geprägt: Einerseits haben die Fehden mit seinem Bruder Albrecht und dem Adel um die Thronfolge das Reich geschwächt, sodass der Ungar Matthias Corvinus in das Land einfallen und sogar fünf Jahre lang in Wien residieren kann. Auch stagniert die Wirtschaft in Besorgnis erregendem Maße.

Andererseits macht sich an der Universität (wie auch an den Klosterschulen im Umland) bereits zaghaft der neue Geist des Humanismus und der Renaissance bemerkbar. Eine tatsächlich in vielerlei Hinsicht neue Zeit bricht dann unter Friedrichs Sohn Kaiser Maximilian I. (1459–1519) an. Dessen Hof entwickelt sich rasch zu einem Zentrum kosmopolitischen Geisteslebens. Die Heiratspolitik des «letzten Ritters», wie Maximilian seiner Vorliebe für althergebrachtes Zeremoniell wegen gerne genannt wird, seine Verbindungen mit Burgund, Spanien, Böhmen und Ungarn machen das Haus Habsburg zur mächtigsten Dynastie in Europa. Unter seinem Nachfolger Ferdinand dräuen freilich massive neue Probleme.

Die Stände begehren gegen die Verwaltungsreformen des absolutistischen Staates auf und sind nur durch rigorose Unterdrückung in die Schranken zu weisen. 1522 wird gar Wiens Bürgermeister hingerichtet und vier Jahre später eine neue landesfürstliche Stadtordnung erlassen. Zugleich bedrohen Wiedertäufer und vor allem Lutheraner die Einheit des Glaubens und letztlich auch des Reiches (zeitweise ist

terra magica

damals auch die Mehrheit der Wiener protestantisch). Und obendrein stehen 1529 die Osmanen vor den Mauern Wiens und werden nur durch glückliche Umstände, nämlich einen unerwartet frühen Wintereinbruch, zum Abzug gezwungen.

Die Reformation, die Religions- und Bauernkriege und schließlich der Dreißigjährige Krieg setzen der Stadt und ihrem Umland schlimm zu. 1645 gelangt ein schwedisches Heer sogar bis unmittelbar vor die Stadt und zieht erst im allerletzten Moment kampflos ab.

... und als glänzende Bauherren und Mäzene

Nachdem 1683 mit Hilfe eines Entsatzheeres unter dem Oberbefehl des Polenkönigs Jan III. Sobieski ein weiteres Mal die Türkengefahr von der Stadt abgewandt wird, die letzten Pestepidemien verebben, der Protestantismus – unter tatkräftiger Mitwirkung der Jesuiten – übertrumpft, der wirtschaftliche Verfall der vorhergehenden Jahrzehnte gestoppt und 1703 schließlich auch noch der Sturm der Kuruzzen, militanter Unabhängigkeitskämpfer aus Ungarn, abgewehrt ist, sonnen sich die Habsburger im Glanz der errungenen Siege und im Hochgefühl unumschränkter Macht.

Zumal es Karl VI. 1713 gelingt, mit der so genannten Pragmatischen Sanktion die Erb- und Thronfolge dahin gehend zu regeln, dass die ihm unterstehenden Länder fortan «untrennbar, unteilbar und unter einem gemeinsamen Herrscher» zu sein haben, wobei dieser auch weiblich sein kann. Unter seiner Regentschaft (1711–40) und der seiner Tochter Maria Theresia (1740–80) erleben Stadt und Land einen umfassenden und nachhaltigen Aufschwung. Die Ideen des Merkantilismus und des Manufakturwesens, die bereits seit Mitte des 17. Jahrhunderts keimten, werden jetzt konsequent verwirklicht.

Der absolutistische Staat fördert Industrie und Handel, errichtet sich Monopole und baut die Fernverkehrswege für Wagen und Schiff aus. Zudem werden – vor allem von Maria Theresia – im Sinne der katholischen Aufklärung weit reichende Reformen eingeleitet. In der Residenzstadt entsteht eine Zentralbehörde für alle österreichischen Länder, die viele Verwaltungsbereiche umstrukturiert. Adel und Klerus verlieren ihre bisherige Steuerfreiheit. Ein neues Strafgesetzbuch wird geschaffen, die Folter wird abgeschafft, die Leibeigenschaft gemildert und die allgemeine Schulpflicht eingeführt. Zudem bricht ein regelrechtes Baufieber aus. Ja, die gesamte bildende Kunst wird von einer ungeahnten Dynamik erfasst, die mit einem Wort, nämlich «Barock», zu umschreiben ist.

In mehrfacher Hinsicht eine Zäsur bringt die Übernahme des Regierungsamtes durch Joseph II.: politisch, weil er die Zentralisierung der Staatsverwaltung weiter vorantreibt, die Zensur einschränkt, ein öffentliches Fürsorgesystem zu installieren beginnt und die Stellung der Bauern entscheidend verbessert, indem er die Leibeigenschaft aufhebt, im Gegenzug aber den Einfluss der Kirche radikal beschneidet und durch sein Toleranzpatent andere Religionsgemeinschaften aufwertet; kulturell, weil zum einen im Zuge der Aufhebung Dutzender Klöster in Wien und Umgebung deren Kunstschätze und Bausubstanz immensen Schaden erleiden und zum anderen die radikale Beschneidung der Einkommen von Hochadel und Klerus die beiden auch ihrer Rolle als Mäzene beraubt.

Die Jahre um 1800 sind geprägt vom Ringen der Habsburger mit Napoleon um die Vorherrschaft in Zentraleuropa. Um die Ranggleichheit mit seinem großen Gegenspieler zu wahren, proklamiert Franz II. 1804 das alle Erblande umfassende Kaisertum Österreich. Allerdings legt er, nachdem im Jahr darauf die Truppen des korsischen Generals kampflos in Wien einmarschieren und es wenig später zur Gründung des Rheinbundes kommt, die Krone bereits 1806 wieder nieder. Nach dem endgültigen Ende der napoleonischen Kriege treffen einander 1814/15 zahlreiche europäische Fürsten und Staatsmänner beim berühmten Wiener Kongress, um über

Bilder rechts
Die Insignien des Hl. Römischen und des Habsburger-Reiches in der Schatzkammer der Hofburg und der Prunksarkophag Kaiserin Maria Theresias in der Kapuzinergruft

Die von Joseph Kornhäusel klassizistisch gestaltete Hauptsynagoge in der Seitenstettengasse

nalsozialisten in den darauf folgenden Wochen den «Anschluss» durch eine propagandistisch geschickt vorbereitete Volksabstimmung bestätigen lassen, werfen sie politische Gegner zu Tausenden in Konzentrationslager. Die einstige Kaiserstadt wandeln sie durch Eingemeindung von 97 Orten der Umgebung in den «Reichsgau Groß-Wien» und die Hauptstadt der «Ostmark» um. Sie besetzen alle wichtigen politischen Positionen, betreiben Raubbau an ehemals österreichischem Eigentum und vertreiben beziehungsweise inhaftieren und ermorden in der Folge die jüdischen Bürger, aber auch Homosexuelle, Sinti und Roma.

Ab Herbst 1944 wird Wien, das bis dahin während des Zweiten Weltkriegs von Kampfeinwirkungen weit gehend verschont geblieben ist, von massiven Bombardements der Alliierten getroffen. Mitte April 1945 nimmt die Rote Armee die Stadt ein, und kurz danach kommt es zur Bildung einer provisorischen Bundesregierung, die umgehend die Zweite Republik proklamiert. Bei den Nationalratswahlen geht die Volkspartei als stärkste Fraktion hervor. Bei den Gemeinderatswahlen hingegen gewinnen die Sozialisten die absolute Mehrheit, die sie bis heute (2003) innehaben.

Nachdem Wien wie auch Österreich zehn Jahre lang in vier Besatzungszonen – eine britische, eine französische, eine amerikanische und eine sowjetische – aufgeteilt waren, erlangen die Republik und ihre Hauptstadt am 15. Mai 1955 nach langwierigen Verhandlungen durch die Unterzeichnung des Staatsvertrags de iure und durch den Abzug der letzten alliierten Einheiten im Herbst desselben Jahres auch de facto ihre Unabhängigkeit zurück. Womit die Grundlage für jene Entwicklung gegeben war, an deren vorläufigem Höhepunkt ein halbes Jahrhundert später Wien wieder das sein sollte, was es bereits zuvor viele viele Generationen lang gewesen war: nämlich unbestreitbar *die* Metropole Mitteleuropas.

terra magica

Ein architektonischer Überblick mit Hauptaugenmerk auf die Moderne

Keltisches Dorf, Römerlager, wehrhafte Kirchensiedlung ... Aus der Frühzeit von Wiens Stadtentwicklung haben sich nur ganz vereinzelt Fundamente und Mauerreste erhalten. Selbst aus der romanischen Epoche, während der in nahen Ländern wie Kärnten, der Steiermark oder entlang der Donau in den großen Stiften die Baukunst zu einer ersten Blüte fand, ist in Wien, das damals immerhin schon Herzogssitz und ein beachtlicher Handelsknotenpunkt war, wenig geblieben – an Nennenswertem bloß die Ruprechtskirche, der Kern des Schweizer Trakts in der Hofburg sowie das Riesentor und die Heidentürme als Reste der alten dreischiffigen Basilika von St. Stephan. Etwas zahlreicher sind die architektonischen Zeugnisse aus der Gotik, allen voran der Stephansdom und die Kirchen der Augustiner, der Minoriten und Maria am Gestade, jedoch auch vereinzelte Bürgerhäuser wie etwa auf dem Judenplatz und in der Naglergasse. Erneut nur vergleichsweise karge Spuren hinterließ die Renaissance, an die in erster Linie die Stallburg, das inzwischen zur Ruine zerfallene Gartenschloss Neugebäude und das ehemalige Niederösterreichische Landhaus in der Herrengasse erinnern.

Die Glanzzeit nach den Türkenkriegen

Einen wahren Bauboom hingegen erlebte Wien im Zeitalter des Barock. Nach dem endgültigen Triumph der Habsburger über die Türken und die Reformation erfasste Kaiser und Kirche ein beispielloses Schaffensfieber. Bereits nach der Abwehr der ersten Türkenbelagerung 1529 hatte man die mittelalterlichen Befestigungsanlagen modernisiert. Hatte nach italienischem Vorbild sternförmig zwölf Basteien errichtet, diese mittels Mauern verbunden und davor ein zirka 500 Meter breites, freies Schussfeld, das Glacis, angelegt. Ab 1600 hatten sich nach und nach Adelssitze in die bürgerlichen Hausblöcke der Altstadt gemischt. Doch erst nun, nach der zweiten, wiederum erfolglosen Türkenbelagerung von 1683, verschönerte sich und expandierte die Stadt so richtig. Ihre Einwohnerzahl verdoppelte sich in knapp neunzig Jahren auf 160 000. Die großen Paläste der Aristokratie entstanden, und parallel die stolzen Wohnhäuser des wohlhabenden Mittelstandes. Auch Gewerbetreibende ließen sich vermehrt innerhalb der Stadtmauern nieder.

Allerdings führten der Ausbau der Altstadt zur barocken Residenz und das Anwachsen des Hofstaates und des Verwaltungsstabes dazu, dass Kleinbürgertum und Kleingewerbe nach und nach in die Vorstädte abgedrängt wurden. Zwischen dem Glacis und dem kurz nach 1700 als zusätzliche Verteidigungslinie errichteten Linienwall zählte man 1780 bereits 3800 Vorstadthäuser. Doch auch der Adel drängte aus dem Stadtkern, schuf sich jenseits des Glacis pompöse Sommersitze samt prachtvollen Lustgärten. Glanzstücke dieser hemmungslosen Lust am Repräsentieren sind das habsburgische, heute in der Hochsaison täglich von Abertausenden Touristen bestaunte Schloss Schönbrunn und Prinz Eugens nur unwesentlich weniger prunkvolles Belvedere.

Die Biedermeierzeit – Rückzug ins Private

Die Jahre zwischen 1815 und 1848, also jene nachnapoleonische Zeit, die in der Sozial- und Kunstgeschichte als Biedermeier bezeichnet wird, brachten für die österreichische Baukunst und Wohnkultur diverse Umbrüche. In der offiziellen Repräsentationsarchitektur des Staates und der Aristokratie hatte sich, nachdem das spätbarocke

terra magica

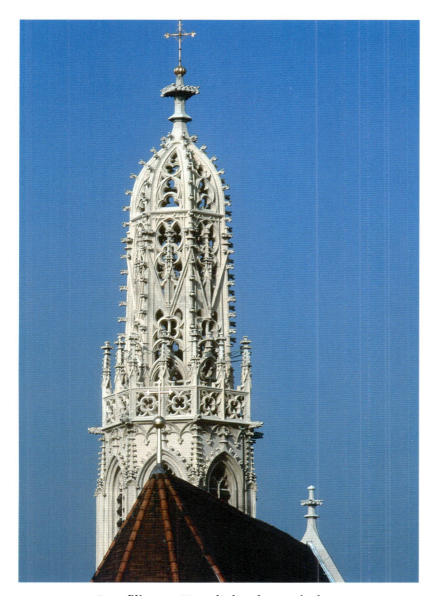

Der filigrane Turmhelm der gotischen Kirche Maria am Gestade

Die im Kern über 700 Jahre alte Minoritenkirche auf dem gleichnamigen Platz

Feuerwerk an üppigen Formen erloschen war, bereits vor 1800 der Klassizismus durchgesetzt. Dieser von strenger Monumentalität und deutlicher Reduktion allen Dekors geprägte Stil, als dessen Hauptvertreter der Wiener Architekt Josef Kornhäusel gilt, lebte auch noch in der ersten Hälfte des 19. Jahrhunderts fort. Da er während dieser Spätphase freilich in erster Linie bei Schul- und Verwaltungsgebäuden in Erscheinung trat, wird er bis heute eher abschätzig als «Beamtenarchitektur» bezeichnet und vergleichsweise wenig beachtet.

Mindestens ebenso gravierend war der Wandel, der sich im Bereich des privaten, bürgerlichen Wohnbaues vollzog: Dort hatte in theresianisch-josephinischer Zeit – vor allem in den Vorstädten jenseits der Stadtmauern – noch weitgehend jene malerische Idylle aus ein- oder maximal zweigeschossigen Häuschen mit kleinen Gärten und Pawlatschen, den offenen, hölzernen Gangfluren, geherrscht, die man gemeinhin und etwas fälschlich mit dem Begriff Biedermeier assoziiert. Im Zuge des enormen Bevölkerungsanstiegs und der zunehmenden Verstädterung dieser Außenbezirke wuchsen die Wohnbauten nunmehr in die Höhe.

Es entstand das mehrgeschossige Zinshaus. Dessen Hauptmerkmale: vergleichsweise schmucklose, strikt horizontal gegliederte Fassaden, ein geschlossener Innenhof

Bilder nächste Doppelseite
Secession-Ausstellungsgebäude, erbaut 1898, in roter Bemalung im Jahr 1998 (rechts)

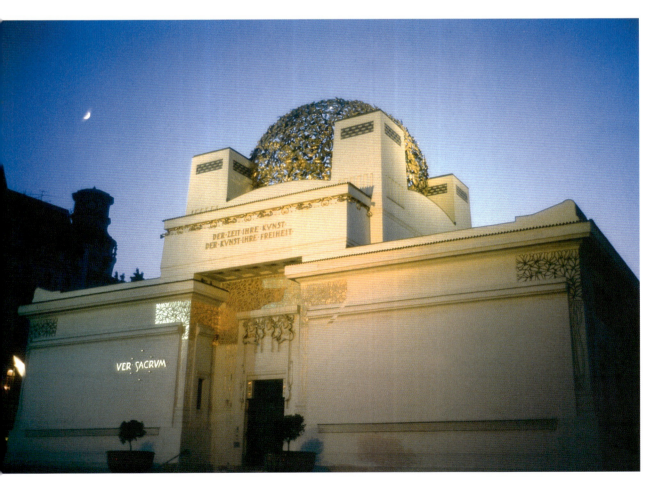

terra magica

terra magica

ohne Garten und ein nach dem so genannten Kasernenprinzip in das Gebäudeinnere verlegtes Gangsystem. Die Wohnungen schrumpften teilweise dramatisch. Für die Ärmeren unter den Erwerbstätigen bestand die Durchschnittseinheit nur noch aus Zimmer, Küche und Kabinett. Der Grund dafür lag in der rapiden Änderung der (vor-)städtischen Gesellschaftsordnung: Im Zuge der Industrialisierung verlagerten sich Erwerbstätigkeit und Produktion. Das Haus musste seine traditionelle Funktion als Arbeitsplatz – zumindest was seine männlichen Bewohner betraf – an Gewerbebetriebe und Fabriken abgeben.

Das bisherige Gesinde wurde zum neuen Industrieproletariat und bezog – oft nur als Bettgeher – eigene (Substandard-)Quartiere. Und die ehemals vielköpfige Hausgemeinschaft schrumpfte auf die «Familie» im engeren Sinn. Das Haus beziehungsweise die Mietwohnung wurde – vor allem für die Herren der Schöpfung – immer mehr zum bloßen Aufenthaltsort für die Freizeit und Nacht und so zur sorgsam gehüteten Privatsphäre.

Der Bedeutungswandel von «Haus» und «Häuslichkeit» hatte jedoch auch andere, im engeren Sinne politische Gründe: Der Vormärz, wie die mit der Revolution von 1848 endende Epoche auch genannt wird, war nicht nur durch massive Industrialisierung, sondern auch durch innenpolitische Repression gekennzeichnet. Nach dem Wiener Kongress hatte Kanzler Metternich aus Angst vor umstürzlerischen Bewegungen alle Äußerungen gesellschaftlicher Erneuerungskräfte mit polizeistaatlichen Methoden unterdrückt. Enttäuscht zogen sich die Bürger aus der als fremdbestimmt empfundenen Öffentlichkeit zurück und widmeten sich in einer Art Kompensationshandlung verstärkt ihrer persönlichen Umwelt.

Ihr Bestreben galt fortan in der Hauptsache der möglichst komfortablen Gestaltung des eigenen Alltagslebens, dem, mit heutigen Worten ausgedrückt, «Cocooning». Man schätzte mehr denn je die Geselligkeit im engen Familien- und Freundeskreis, entdeckte plötzlich im Rahmen von Landpartien die Reize der Natur und legte großes Augenmerk auf die geschmackvoll-behagliche Möblierung der eigenen vier Wände. Der Topos «Biedermeier» bezeichnet demnach nicht so sehr eine Phase der architektonischen Stilentwicklung, sondern vielmehr eine Lebenshaltung, die Gemütlichkeit und Schlichtheit, aber auch Gediegenheit als oberste Maximen erachtete und einer in bürgerlichen Kreisen bis dahin ungewohnt gehobenen Wohnkultur huldigte.

Otto Wagner – Vater der modernen Stadtstruktur

Als die Wiener in der zweiten Hälfte des 19. Jahrhunderts zunächst die inneren Bastionen ihrer Stadt und wenig später auch den Linienwall, den äußeren Befestigungsgürtel, schleiften, boten sie den örtlichen Urbanisten damit eine einmalige Chance: Auf den riesigen Freiflächen ließ sich der Haupt- und Residenzstadt nunmehr ein völlig neues, imperiales Gesicht verleihen. Gleichzeitig konnte man das mittelalterliche Zentrum endlich zu den ehemaligen Vorstädten hin öffnen. In der Folge entstand einerseits die weltberühmte Ringstraße mit ihren neoantiken und neogotischen Prunkbauten. Andererseits führte der massenhafte Zuzug von Arbeitssuchenden aus den Kronländern der Monarchie dazu, dass die Metropole auch an ihren Rändern enorm wuchs.

Zum großen Neuerer entwickelte sich im Laufe dieses beispiellosen Baubooms Otto Wagner. Seine Architektur wirkte für das gesamte Reich vorbildhaft und prägte durch seine Schüler wie etwa Joseph Maria Olbrich, Josef Hoffmann, Josef Plecnik und Max Fabiani auch noch entscheidend das Baugeschehen der Ersten Republik. Aus begütertem Hause stammend und an den Akademien von Berlin und Wien klassisch ausgebildet, war Wagner zu Beginn seiner Karriere noch ganz den ästhetischen Idealen des 19. Jahrhunderts verpflichtet.

Seine frühen Miets- und Geschäftshäuser, die er freilich in der Regel bereits – kommerziell höchst erfolgreich – als sein eigener Bauherr errichtete, stehen stilistisch in der Tradition des Ringstraßen-Historismus. Gleichwohl entsprechen schon sie fast ausnahmslos jenem neuartigen Grundtypus,

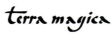

Meilensteine frühen Jugendstils: Otto Wagners «Eckhaus zur Köstlergasse» mit Goldmedaillons von Kolo Moser und Fassadenausschnitt des benachbarten Majolikahauses

den er später in seinen Jugendstil-Schöpfungen wie etwa dem berühmten Majolikahaus perfektionieren sollte: Die zwei bis drei Geschosse der Sockelzone sind leicht vorgesetzt und für Geschäfte reserviert. Auf ihnen ruhen seitliche Lisenen, die das Haus optisch von den Nachbargebäuden abgrenzen. Den oberen Abschluss der Fassade bildet ein weit ausladendes, meist von Pilastern gegliedertes Gesims. Weiteres wesentliches Merkmal: Sämtliche Wohngeschosse sind gleichwertig gestaltet.

Das heißt, es gibt weder wie bisher üblich ein hinsichtlich Raumhöhe oder Dekor betontes Mezzanin noch eine Beletage. *Nachdem der Mietwert der einzelnen Stockwerke durch Anbringung von Personenaufzügen ziemlich ausgeglichen wurde,* schrieb Wagner 1896 in seinem berühmten Manifest «Moderne Architektur», sei ihre äußere Auszeichnung nicht mehr tunlich. Bereits zwei Jahre zuvor, anlässlich der Ernennung zum Professor an der Wiener Kunstakademie, waren seine Abkehr von den alten Idealen und sein pragmatischer Funktionalismus offenkundig geworden.

Nichts, was nicht brauchbar ist, kann schön sein, postulierte er damals bei der Antrittsvorlesung. Der einzige Ausgangspunkt künstlerischen Schaffens sei künftig das moderne Leben. Dieses werde durch den Einzug der Technik und die Dominanz des Verkehrs bestimmt. Fortan trat er für einen ausschließlich durch Zweck, Material und Konstruktion bestimmten «Nutzstil» ein. Womit er die Grundlagen für eine radikal neue, von allem überflüssigen Zierrat befreite Ästhetik schuf. Am bahnbrechendsten wirkte Wagner wohl durch jene «technischen» Bauten, mit denen er die Infrastruktur der Reichshauptstadt grundlegend modernisierte – allen voran durch das Projekt der Stadtbahn, Wiens erstem funktionsfähigen Massenverkehrsmittel, dessen im reinen Jugendstil gehaltene Stationsgebäude und Brückenbauten bis heute die Stadtlandschaft entlang des Wientales, Donaukanals und Gürtels zieren.

Nachdem sich der Apologet der Sachlichkeit 1899 der ästhetischen Revolte der Secessionisten angeschlossen hatte, prophezeite ihm Gustav Klimt, dessen Kreis er bis zu seinem Tode verbunden sein sollte, voller Ironie: *Du wirst die Mau-*

ern nicht bauen dürfen, auf welche ich meine Fresken nicht werde malen dürfen. Tatsächlich blieben ungewöhnlich viele von Wagners späteren Projekten, vom Neubau der Akademie über das Stadtmuseum bis zur Universitätsbibliothek, unausgeführt. Sein sichtbares Œuvre ist dennoch enorm. Es umfasst – vornehmlich in Wien, das der Meister als städtebauliches Versuchslabor liebte und für das er bereits 1893 einen kompletten Bebauungsplan entworfen hatte – alle Aspekte der Moderne: Villen, städtische Wohn- und Geschäftshäuser, Kai- und Schleusenanlagen, Bauten für soziale und kulturelle Einrichtungen und Sakralbauten wie die von einer mächtigen Kuppel gekrönte Jugendstilkirche am Steinhof.

Sein wegweisendstes Werk, ja ein Schlüsselbau der europäischen Architektur dieser Zeit überhaupt, ist die 1904–12 erbaute Zentrale der k. u. k. österreichischen Postsparkasse nahe dem Stubenring. An ihrem Äußeren findet sich keine Spur mehr von den reich ornamentierten, oft schillernd bunten Fassadenteppichen der secessionistischen Zeit. Stattdessen ist es mit glatten, industriell wirkenden Marmorplatten verkleidet, die durch Aluminiumbolzen gehalten werden. Und auch der Innenraum stellt mit seinem gläsernen Tonnengewölbe über dem Kassensaal, den vielen neuartigen Konstruktionsdetails und der abstrakten Formensprache gleichsam einen Weiheraum bis dahin ungekannter, technischer Ästhetik dar.

Adolf Loos – der «Meister der Weglassung»

Weit revolutionärer noch als Otto Wagner war, was die Ablehnung alles rein Dekorativen betraf, dessen Schüler Adolf Loos. In Brünn geboren, in Reichenberg und Dresden zum Architekten ausgebildet, bekämpfte auch er, inspiriert von frühen Aufenthalten in London und den USA, schon vor der Jahrhundertwende das pompöse Erbe des Historismus. Doch wetterte er ebenso gegen den Jugendstil mit seiner reichen Ornamentik. Seinen Ruf als kompromissloser Purist und einer der führenden Vertreter der so genannten Ersten Wiener Moderne verdankt er vor allem seinem frühesten großen und zugleich bedeutsamsten Bauwerk, dem «Haus auf dem Michaelerplatz».

Inmitten des imperialen Prunkambiente der Wiener Innenstadt, gegenüber der Hofburg, hatte er in den Jahren 1909–11 ein Geschäftshaus errichtet, dessen zwei Untergeschosse zwar mit toskanischen Säulen aus noblem Marmor versehen, dessen restliche Fassade jedoch bewusst schmucklos, mit bloßem Putz gehalten waren. Prompt geriet die «Nacktheit» des Gebäudes zum öffentlichen Ärgernis, ja zum handfesten Skandal. Der Volksmund taufte es «Mistkistl», «Kornspeicher» und «Kanalgitterhaus». Auch der Hof reagierte ablehnend. Und die Behörden stellten den Bau zwischenzeitlich ein und versuchten, ihn nachträglich mit Applikationen zu «verschönern». Erst Jahrzehnte später klärte sich das kulturelle Missverständnis, wurde die epochale architektonische Leistung anerkannt.

Nicht minder radikal trat Loos als Geschmackspädagoge publizistisch in Erscheinung. In seinen Schriften, etwa dem berühmten, 1908 erschienenen Artikel «Ornament und Verbrechen», propagierte er, der mit Karl Kraus eng befreundet war und über viele Jahre das Kaffeehaus als Atelier benützte, eine urbane, sachlich-funktionale Alltagskultur. Der moderne Architekt sollte seiner Überzeugung nach auf dekorative Elemente oder geschwungene Formen vollständig verzichten und bei Gebäuden die tragende Konstruktion eher zu betonen als zu verbergen trachten. Seine Verachtung jeder Art von Verzierung ging so weit, dass er Hauptwörter stets ohne große Anfangsbuchstaben schrieb.

Seine wichtigsten Werke sind jene privaten Villen, die kurz vor beziehungsweise nach dem Ersten Weltkrieg vor allem im 13. Bezirk entstanden, wie etwa die – in ihrer Grundform allesamt noch existenten ergo von außen zu besichtigenden Häuser «Scheu» (Larochegasse 3), «Steiner»

Bilder rechts
Schöpfungen des Jugendstil-Architekten Josef Plecnik: Wohnhaus in der Beckgasse, Rüdigerhof an der Rechten Wienzeile und Zacherlhaus (außen und innen) im Zentrum der Stadt

(St.-Veit-Gasse 10), «Horner» (Nothartgasse 7), «Strasser» (Kupelwiesergasse 28) oder «Stoessl» (Matrasgasse 20). Sie sind fast ausnahmslos durch klare kubische Formen und glatte, weiße Oberflächen bestimmt. Ihre Inneneinrichtung besteht im Wesentlichen aus fest eingebautem Mobiliar. Ein allen gemeinsames Kennzeichen ist im Weiteren ihre konsequente räumliche Durchbildung. Dieses «Lösen des Grundrisses im Raum» erachtete Loos, der Anfang der zwanziger Jahre kurze Zeit Chefarchitekt des Wiener Siedlungsamtes war, als das eigentlich «Revolutionäre» seiner Architektur. Demnach sollte sich die unterschiedliche Bedeutung und Nutzung der Räume in den Höhenmaßen widerspiegeln, die er ihnen jeweils individuell verlieh. So finden sich in manchen Häusern Räume mit drei verschiedenen Bodenniveaus.

Bezeichnend für Loos' Schaffen ist auch seine ungeheure Konzentration auf jedes, sei es auch noch so winzige innenarchitektonische Detail und dessen kunsthandwerklich perfekte Ausführung. Viele der von ihm gestalteten Original-Interieurs wurden in der Zwischenzeit zerstört oder bis zur Unkenntlichkeit verändert. Einige wenige jedoch, wie etwa der Salon des Herrenschneiders Knize (Wien 1, Graben 13), die American Bar (im Kärntner Durchgang) oder das Innere des erwähnten Loos-Hauses (Michaelerplatz) vermitteln nach wie vor jene für diesen Stil-Avantgardisten so charakteristische schlichte Eleganz.

Kommunaler Wohnbau im «Roten Wien»

Mit uns zieht die neue Zeit», heißt es in einem einstmals gerne gesungenen Lied der Linken. Architektonisch begann diese neue Zeit in Wien unmittelbar nach dem Ende der Monarchie. Die Einführung des allgemeinen Wahlrechts auch für Frauen hatte den hiesigen Sozialdemokraten Anfang Mai 1919 die absolute Mehrheit im Gemeinderat eingebracht, und die nunmehr «rote» Stadtverwaltung ging sofort daran, ihre kommunalen Grundsätze in die Praxis umzusetzen. Jahrzehntelang hatten die beiden großen politischen Lager darüber gestritten, ob sich der städtische Wohnbau besser durch das «Cottage-System» des englischen Reihenhauses oder durch das «Casernement-System», das einen verbesserten Stockwerksbau vorsah, reformieren ließe. Die neuen Stadtväter entschieden sich für Letzteres, und zwar in einer monumentalen Variante. Ein gewaltiges Bauprogramm wurde angekurbelt. Die Hauptstadt der frisch geschlüpften Republik sollte eine Musterkommune der werktätigen Massen werden. Und tatsächlich entstanden in den folgenden fünfzehn Jahren 357 Wohnanlagen mit insgesamt über 63 000 Wohnungen – sozial- und finanzpolitisch, aber auch logistisch eine europaweit einmalige Leistung.

Finanziert wurde das Vorhaben vor allem durch die zweckgebundenen, nach dem damaligen Finanzstadtrat benannten Breitner-Steuern, die in erster Linie die Aristokratie und das Großbürgertum trafen. Zu seinem Erfolg trug aber auch der noch zu Kriegszeiten eingeführte Mieterschutz bei, durch den das Zinsniveau eingefroren und willkürliche Kündigungen verboten wurden. Denn da Zinshäuser ihren Besitzern nun keinen Profit mehr brachten, stagnierte die private Bautätigkeit schlagartig.

Als erster gleichsam prototypischer «Volkswohnpalast» wurde schon 1926 Hubert Gessners Reumann-Hof (Margaretengürtel 100) eingeweiht. Der berühmteste Gemeindebau des «Roten Wien» jedoch, ja sein wohl auch wegen des Namens bis heute geradezu mythisches Symbol, wurde der vier Jahre später im Bezirk Heiligenstadt fertig gestellte Karl-Marx-Hof – ein tausend Meter langer «Superblock» mit sage und schreibe 1325 Wohneinheiten. Sein Schöpfer Karl Ehn war, wie die meisten damals für die Stadt tätigen Architekten, Schüler Otto Wagners. Dementsprechend zeigte sich sein Werk und das seiner Kollegen den ästhetischen Idealen des

Bilder rechts
Elegantes Erbe des Architektur-Revoluzzers Adolf Loos: sein Haus auf dem Michaelerplatz und der von ihm gestaltete Schauraum der Herrenschneiderei Knize am Graben

großen Lehrers verpflichtet: axiale Anordnung, klare Symmetrie, kolossale Torbögen und Türme, riesige Ehrenhöfe ... Vor allem an ihren Schaufronten verrieten die Gemeindebauten nur allzu deutlich den Wunsch nach Repräsentation. Weshalb Kritiker sich denn auch über ihre Ähnlichkeit mit feudalen Schlossanlagen mokierten.

Aber bei allem (teilweise durchaus berechtigten) Tadel steht doch außer Zweifel, dass Riesenkomplexe wie etwa der Karl-Seitz-, der Sandleiten-, der Goethe-, der Reumann- oder eben der Karl-Marx-Hof einen immensen Fortschritt bedeuteten: Die Wohneinheiten maßen zwischen 38 und 48 Quadratmeter – eine für Arbeiter bis dahin unerschwingliche Größe. Zwischen den einzelnen Baukörpern erstreckten sich, ganz anders als bei den alten Mietskasernen mit ihren düsteren Lichtschächten, großzügige Grünflächen. Zudem umfassten viele Anlagen auch Kindergärten, Schulen, Sportstätten, Mütterberatungsstellen, Arbeiterbibliotheken und andere dringend benötigte Versorgungseinrichtungen. Die damals neuartigen, Arbeitskräfte sparenden Konstruktionsmethoden wie etwa der Stahlskelettbau wurden bei der Planung übrigens bewusst vernachlässigt, ging es doch angesichts der dräuenden Weltwirtschaftskrise nicht nur darum, für Wohnungen zu sorgen, sondern auch für Beschäftigung.

Mit den imposanten Wohnanlagen bescherten die Wiener Stadtväter ihrer Anhängerschaft freilich neben einem menschenwürdigen Lebensraum auch ein zuvor ungekanntes Selbstbewusstsein, eine neue Identität. Die Architektur diente als Mittel im politischen Kampf, als Stein gewordenes Sinnbild für den Machtanspruch der Sozialdemokratie. So war es aus der Sicht der Rechten nur logisch, das zukunftsweisende Wohnbauprogramm mit allen Mitteln zu bekämpfen. 1931 verabschiedete das von den Christlichsozialen dominierte Bundesparlament ein fiskalisches Gesetz, das das Budget der Stadt radikal beschnitt. Zwei Jahre später kam Engelbert Dollfuß an die Macht. Und indem dieser im Februar 1934 Armee und Polizei mit Maschinengewehren und schwerer Artillerie gegen die Arbeiter in ihren «proletarischen Wehrburgen» vorgehen ließ, wurden nicht nur zahlreiche Menschen und wertvolle Bausubstanz, sondern auch endgültig die Demokratie und mit ihr ein beispielloses kommunales Reformwerk liquidiert.

Noch weit schlimmere und größere Schäden brachten die ab 1943 erfolgten über fünfzig Luftangriffe und die zehn Tage dauernden Kämpfe um die Stadt im April 1945. Mehr als 11 000 Menschen fanden dabei den Tod. Über 21 000 Häuser, ein Fünftel des damaligen Bestandes, waren hernach ganz oder teilweise zerstört, rund 87 000 Wohnungen unbenützbar. Stephansdom, Staatsoper, Burgtheater, das Kaiviertel, alle Bahnhöfe und die meisten Brücken lagen in Trümmern. 800 000 Kubikmeter Bombenschutt bedeckten Gassen, Plätze und Straßen. Vom Sieg des Provinziellen im Austrofaschismus und von den Zerstörungen des Krieges sollte sich die Wiener Baukultur jahrzehntelang nicht wirklich erholen.

Die Nachkriegszeit – zwischen Sachzwang und Größenwahn

Die Zeit bis 1955, als die Stadt in vier den Alliierten zugeordnete Sektoren aufgeteilt war, stand naturgemäß ganz im Zeichen der Instandsetzung und des Wiederaufbaus. Rasch billigen Wohnraum zu schaffen, hieß das Gebot der Stunde. Die Gemeindebauten jener Jahre waren dementsprechend schmucklos. Lediglich die so genannte Kunst am Bau sorgte für ästhetische Akzente – Mosaiken, Sgraffiti, Bauplastiken, für die per Gesetz jeweils ein Prozent der Bausumme aufzuwenden war. Bei den historistischen Mietshäusern aus der Gründerzeit wurde vielfach versucht, durch Eliminierung des Fassadenschmucks «Modernität» zu erzeugen.

Ab ungefähr 1960 wurde Wien ziemlich schematisch erweitert. Als oberster Stadtplaner für die Bebauungspläne ver-

Bilder rechts
Blick über die Reichsbrücke Richtung UNO-City; die neue Skyline am linken, dem Floridsdorfer Donauufer

antwortlich zeichnete Roland Rainer, der nach der Devise, die «zu locker verbaute Peripherie zu verdichten», kleinteilige Einheiten zusammenfasste und – wie zum Beispiel in Stadlau oder Kagran – neue Nachbarschaften mit Kindergärten, Schulen, Kirchen, Gasthäusern und Läden schuf. Als es im Laufe der Jahre in den westlichen Metropolen in Mode kam, an den Stadträndern räumlich voneinander getrennte, funktionelle Großeinheiten zu schaffen, zog Wien mit.

Auch hier entstanden weit draußen an der Peripherie Industriegebiete, Einkaufszentren und Freizeitparks sowie – in der üblichen Plattenbauweise einem öden Schematismus folgend – monströse Wohnanlagen wie etwa die Großfeldsiedlung «Am Schöpfwerk» oder die Trabrenngründe, die wenig erstaunlich allesamt sehr rasch zu sozialen Problemzonen wurden. An die 15 000 vollkommen anonyme Wohnungen entstanden damals jedes Jahr.

Es folgte im Sinne des Fortschrittsdenkens jener Zeit die Entwicklung einer mehr Konsum- und Lifestyle-orientierten Wohntypologie. Paradebeispiel: die von Harry Glücks Großbüro entworfenen monumentalen Wohnblöcke von Alt-Erlaa mit eigenen Ladenstraßen im Erdgeschoss und Swimmingpools auf dem Dach. Jene Periode geprägt haben freilich auch diverse Großprojekte: die 1979 am linken Donauufer fertig gestellte UNO-City zum Beispiel oder der von haarsträubenden Finanzierungsskandalen begleitete Neubau des Allgemeinen Krankenhauses, der Bau der U-Bahn, deren aus den Linien U 1, U 2 und U 4 bestehendes Grundnetz ab 1978 etappenweise in Betrieb ging, oder die Verbesserung des Hochwasserschutzes durch die Schaffung der Neuen Donau und der Donauinsel.

Auch das Straßennetz wurde – beispielsweise durch die Südost-Tangente und die Donauufer-Autobahn – maßgeblich erweitert. Und in zentralen Bereichen, der Kärntnerstraße, der Favoritenstraße und der Meidlinger Hauptstraße sowie auf Stephansplatz und Graben, entstanden zwecks Hebung der innerstädtischen Lebensqualität Fußgängerzonen, mehr noch, es wurden erste historische Ensembles wie der Spittelberg oder das Blutgassen-Viertel mustergültig revitalisiert.

Gesinnungswandel zu mehr privat

In der Folge zeigten mit der für Österreich nicht unüblichen Verspätung die international langjährige Kritik am schnöden Funktionalismus der Bauwirtschaft, die Studentenrevolte und die beginnende Diskussion um die Postmoderne auch hierzulande endlich Wirkung. Erste strukturverändernde Impulse waren bezeichnenderweise in der Provinz – in der Steiermark, in Vorarlberg und vor allem in Salzburg zu vermerken. Anfang der achtziger Jahre kündigte sich letztendlich auch in Wien ein Gesinnungswandel an.

Die Gemeinde, die bislang die wichtigen Aufträge an jene großen Architekturbüros vergeben hatte, deren Betreiber «das richtige Parteibuch» besaßen, zog sich nach und nach als Bauträger zurück und übertrug den sozialen Wohnbau an Genossen- und Baugesellschaften. Zugleich behielt sie freilich über den neu ins Leben gerufenen «Wiener Bodenbereitstellungs- und Stadterneuerungsfonds» den Zugriff auf sämtliche Grundstücke für öffentlich geförderten Wohnbau, die dieser Fonds dann an die Bauträger veräußerte. Wodurch es de facto nur einen potenziellen Käufer gab und die Grundstückspreise unter behördlicher Kontrolle, ergo relativ billig blieben.

Einen Wendepunkt bedeutete die Gründung der «Gesellschaft für Wohnungs-, Wirtschafts- und Verkehrswesen» (GWV) durch eine Gruppe privater Bauträger. Deren Ziel bestand darin, unkonventionelle Architekten mit den bis dahin ausschließlich profitorientierten Bauträgern zusammenzubringen und so dem bislang von der Gemeinde dominierten sozialen Wohnbaugeschehen neue, qualitative Anstöße zu geben. Schon das erste Projekt der GWV, die von Heinz Tesar, Otto Häuselmayer und Carl Pruscha entworfene Siedlung Biberhaufenweg, signalisierte: «Hier wird Architektur per se ernst genommen!», und erregte im positiven Sinne Aufsehen. Es folgte – begünstigt durch den nach dem Fall der Ostgrenze plötzlich rapide wachsenden Wohnungsbedarf – eine Fülle teilweise ambitionierter und hochwertiger Siedlungen. Als Beispiele seien die komplexen Formexperimente von A. Krischanitz, O. Steidle & Partner sowie

Café-Restaurant Una im Westbereich
des weitläufigen Museumsquartiers

Herzog & de Meuron in der Pilotengasse, die diversen ebenso weitläufigen wie vielgestaltigen Anlagen entlang der Brünner Straße oder die unter anderem von Manfred Nehrer, Gustav Peichl und Helmut Wimmer geschaffene Wohnhausanlage Wienerberg genannt. Die Stadt begann, vor allem Richtung Nordosten, mit Stil zu wachsen. Und unter den internationalen Beobachtern machte der Begriff der Zweiten Wiener Gründerzeit die Runde.

Mit Bedacht sanieren und restaurieren

Verfolgt man Wiens Stadtentwicklung seit dem Zweiten Weltkrieg, offenbart sich neben vielem für alle europäischen Metropolen Symptomatischen wie dem gesichtslosen Wiederaufbau und später der großflächigen Erweiterung an der Peripherie ein Sonderweg, den die Verantwortlichen nur hier ab Mitte der achtziger Jahre mit Erfolg einschlugen. Bis dahin hatten die geopolitische Randlage der Stadt, ihr langjähriger Bevölkerungsrückgang, eine traditionell starke Mietrechtsgesetzgebung und die Schaffung von 300000 Neubauwohnungen binnen dreier Jahrzehnte den Wohnungsbedarf in Grenzen gehalten sowie eine großflächige Mieterverdrängung durch Spekulanten verhindert.

Zudem konnte die Stadt Wien, die mit ihren rund 220000 Gemeindewohnungen zu den größten Hauseigentümern der Welt zählt, ihre dominierende Rolle auf dem Wohnungsmarkt zur Stabilisierung nutzen. Doch nun erhöhte sich durch Zuwanderung (ein Plus von 110000 Einwohnern zwischen 1987 und 1992), durch den Trend zu Singlehaushalten sowie das Heranwachsen der geburtenstarken Jahrgänge der sechziger Jahre der Wohnungsbedarf rapide. Dennoch blieben der Donaumetropole die vielerorts erfolgten radikalen Kahlschlagsanierungen erspart.

Stattdessen wählte man die neuartige Methode einer «sanften» Stadterneuerung. Da Wien bis heute mehr als andere europäische Hauptstädte vom Massenwohnungsbau des 19. Jahrhunderts geprägt ist (knapp vierzig Prozent der insgesamt rund 850000 Wohneinheiten stammen aus der Zeit vor dem Ersten Weltkrieg), konzentrierte man sich auf die Verbesserung der Altbaubestände im dicht verbauten Stadtgebiet. Die Maximen, nach denen vorgegangen wurde, lauteten: Vorrang der Bestandsschonung vor Abbruch und Neubau, Sicherung der Rechte der vorhandenen Bewohner und damit Vermeidung von Verdrängung und sozialer Segregation, Einbeziehung der Bewohner und ihrer Wünsche in das Sanierungskonzept und Bewahrung einer kleinräumigen Durchmischung durch die Integration von Kleinhandel und Gewerbe.

Das Ergebnis: In nur 15 Jahren wurde bei einem Investitionsvolumen von rund zweieinhalb Milliarden Euro die Sanierung von mehr als 133000 Wohnungen gefördert. Und zwar mit bis zu 98 Prozent der Gesamtbaukosten. Willkommener Nebenefffekt: Die «sanfte» Stadterneuerung brachte

der örtlichen Wirtschaft einen enormen Beschäftigungsimpuls, der um die Hälfte mehr Jobs sicherte und schuf, als die Investition derselben Summe im Neubaubereich gebracht hätte.

Die Avantgarde der letzten Jahrzehnte

Das geistige Vakuum, das die Emigration von Österreichs nahezu gesamter künstlerischer Avantgarde in den dreißiger Jahren auch auf dem Gebiet der Architektur hinterlassen hatte, füllte sich nach dem Zweiten Weltkrieg nur äußerst langsam und unzureichend. Als Talenteschmiede vermochte unter den einschlägigen Hochschulen zur Zeit des Wiederaufbaus lediglich die Akademie der bildenden Künste in Wien zu agieren. Speziell aus den Meisterklassen von Clemens Holzmeister und Lois Welzenbacher gingen damals Absolventen hervor, die das Baugeschehen von den sechziger Jahren bis in die Gegenwart maßgeblich beeinflussen sollten. Unter ihnen: Johannes Spalt, Friedrich Kurrent und Wilhelm Holzbauer, die über längere Zeit als «Arbeitsgruppe 4» im Team arbeiteten, Gustav Peichl und Hans Hollein, Anton Schweighofer und Ottokar Uhl. Wenig später entstanden unter der Ägide Karl Schwanzers und Günther Feuersteins an der Technischen Hochschule und in kirchlich-liberalen Kreisen unter Monsignore Otto Mauer Diskussionsforen, in denen mancherlei revolutionäre Ideen erstmals ein öffentliches Podium erhielten.

Diesem Umfeld entwuchsen dann um 1970 etliche Kollektive wie Haus-Rucker-Co, Coop Himmelb(l)au, Zünd Up, Missing Link und so weiter, die im Geiste der Pop-Art mit technoid-utopistischen Entwürfen wie pneumatischen Wohnräumen, «Stadtfußbällen» und dergleichen das Publikum provozierten und wohl auch erheiterten. Eine Sonderposition bezogen in dieser Phase ihrer Karrieren Hans Hollein und Walter Pichler. Sie drängten in Manifesten und Konzepten auf einen denkbar umfassenden Architekturbegriff, der sämtliche Aspekte der modernen Alltagskultur miteinbeziehen und sich «der Symbole, Rituale und Mythen besinnen» sollte.

Über dreißig Jahre später, in den ersten Jahren des dritten Jahrtausends präsentiert sich die Wiener Baukunst freilich noch um vieles facettenreicher. Ihren Repräsentanten ist es in der Zwischenzeit gelungen, sich von der früheren Theo-

rielastigkeit und auch von den hierzulande besonders allgegenwärtigen, die Kreativität vielfach hemmenden Traditionen zu lösen und eigenständige, überaus qualitätvolle Formensprachen zu entwickeln. Die «ältere Avantgarde», deren Vertreter, etwa Günther Domenig, Wilhelm Holzbauer, Gustav Peichl oder Hans Hollein, im In- und Ausland teilweise regelrechten Starruhm genießen, hat längst ihren ausgereiften Individualstil gefunden.

Auch viele ihrer etwas jüngeren Kollegen – stellvertretend seien Adolf Krischanitz, Hermann Czech, Heinz Tesar, Klaus Kada, Boris Podrecca, Laurids und Manfred Ortner oder die als Vorkämpfer des Dekonstruktivismus weltbekannten Wolf D. Prix und Helmut Swiczinsky alias Coop Himmelb(l)au genannt – haben in der heimischen Architekturlandschaft längst unübersehbare, ja teilweise epochale Spuren hinterlassen.

Eines der diesbezüglichen Vorzeigeprojekte ist die so genannte Gasometer-City. Wie in vielen anderen Städten Europas war in Wien seit alters das «Westend» der noblen Villen und das «Eastend» der Industrialisierung und den Arbeiterbezirken vorbehalten. Im Laufe der Zeit war Letzteres zum desolaten Brachland verkommen. Umgeben von Schlachthöfen, Lagerplätzen und Müllentsorgungsanlagen, U-Bahn-Geleisen und -Garagen prägten dort, 65 Meter im Durchmesser, 72 Meter hoch und mit historistischen Ziegelfassaden kaschiert, vier Gasometer die Szenerie. Sie harrten, nach ihrer Stilllegung 1985 unter Denkmalschutz gestellt, dringend einer neuen Nutzung. Die Lösung bestand darin, die Industrieruinen mit geförderten Wohnungen zu füllen. Wobei die Gemeinde jeden der Türme einem anderen Stararchitekten zur Gestaltung überließ. Das Ergebnis: ein vollkommen neues urbanes Zentrum mit 600 Wohnungen, einer mehrgeschossigen Shopping Mall und einer rockkonzerttauglichen Veranstaltungshalle für 4000 Besucher, mit U-Bahn-Anschluss, einer Gesamtnutzfläche, die mit 220 000 Quadratmetern die des Potsdamer Platzes in Berlin übersteigt. Und mit einer Anziehungskraft, die mittlerweile sogar fotografierende Touristen scharenweise in den gar nicht mehr so fernen Osten der Stadt strömen lässt.

Bilder Seiten 26/27 oben und nächste Doppelseite
Eine von Wiens spektakulärsten architektonischen Neuschöpfungen – neues Leben in altem Gemäuer: die Gasometer-City in Wien Simmering

terra magica

Musik und Literatur – die ganze Stadt ist Bühne

Wien als eine Welthauptstadt der Musik zu preisen, hieße wohl, Eulen nach Athen zu tragen. Immerhin hat die Stadt auf diesem Gebiet spätestens seit dem frühen 18. Jahrhundert stets eine international führende Rolle gespielt. Die in ihr auf Zeit oder Dauer ansässigen Komponisten, von Mozart bis Mahler, von Gluck bis Cerha, haben dabei immer wieder eigene, spezifische Beiträge zur Formenentwicklung der musikalischen Sprache geleistet. Aber nicht nur die Klassiker und Romantiker, die Zwölftöner und die Schöpfer unsterblicher Operetten haben zu dem Weltruf beigetragen, sondern auch Wiens erstklassige Ausbildungs- und Aufführungsstätten, seine Orchester und Instrumentenbauer. Philharmoniker und Sängerknaben, Staatsoper, Bösendorfer und Neujahrskonzert, ja die allgemeine Walzerseligkeit während der Ballsaison überhaupt gelten als Synonyme für erlesene Klangkultur.

Musikgeschichte – Höhepunkte am laufenden Band

Die Anfänge der Entwicklung lassen sich bis ins Hochmittelalter zurückverfolgen. Damals entsprechen die musikalischen Erscheinungsformen den Ständen: Der Minnegesang ist fest im Rittertum verwurzelt, der Kirchengesang im Klerus. Später gesellt sich der Meistergesang des an Bedeutung gewinnenden Bürgertums dazu. Ein wirklich eigenständiger wienerischer Musikstil lässt sich aber erst zu Beginn der Barockzeit erkennen. Damals, im ausgehenden 17. Jahrhundert, avanciert der Kaiserhof zum Zentrum für die Pflege des musikalischen Dramas. Die Habsburger verankern diese Kunstgattung fest im barocken Hofzeremoniell und sind selbst eifrig als Musiker und Komponisten tätig. Dadurch steht die Musik ständig im Blickpunkt der Aufmerksamkeit und wird außerdem zum Inbegriff sinnvoller Lebensgestaltung. Dank der engen habsburgischen Familienbande zu den d'Este, Gonzaga und Medici arbeiten viele berühmte Opernmeister, unter anderen Claudio Monteverdi und Marc Antonio Cesti, in Wien. Sie bringen – mit triumphalem Erfolg – die italienische Oper an den Hof und prägen damit, gemeinsam mit heimischen Komponisten wie etwa Joseph Fux, den so genannten Imperialstil. Unter Leopold I. werden etwa 400 Opern uraufgeführt.

In der zweiten Hälfte des 18. Jahrhunderts versucht eine Gruppe von in Wien lebenden Komponisten – unter ihnen Reutter der Jüngere, Wagenseil, Starzer und Monn – der überlieferten Barockmusik einen neuen Ausdruck entgegenzusetzen. Sie begründen die so genannte Wiener Schule und werden zu unmittelbaren Wegbereitern der Wiener Klassik, in der das österreichische Musikschaffen einen ersten glanzvollen Höhepunkt erreicht.

Auch auf dem Gebiet der Oper werden neue Wege beschritten: Christoph Willibald Glucks 1762 erstmals in Wien aufgeführte Reformopern weisen in ihrem Bestreben nach Einfachheit und Klarheit in Inhalt, Form und Ausführung bereits in Richtung klassische Ästhetik. *Orpheus und Eurydike*, *Alceste* und *Paris und Helena* finden zwar nicht den von Gluck erhofften Widerhall, begründen jedoch, rückblickend betrachtet, einen dramatischen Stil, der noch Wagner und Richard Strauss beeinflussen sollte. Zur Zeit der Wiener Klassik konzentriert sich das gesamte europäische Musikgeschehen in der Donaumetropole. Voraussetzung dafür ist

Bilder rechts
**Der vergoldete Johann Strauß im Stadtpark;
Wolfgang Amadeus Mozart im Burggarten und
Ludwig van Beethoven im Haus der Musik**

die Musikpflege des ansässigen Hochadels, der neuerdings anstelle des Kaiserhauses das Zentrum des gesellschaftlichen und kulturellen Geschehens bildet. Adelige wie beispielsweise Fürst Esterházy oder Fürst Lobkowitz unterhalten oft eigene Orchester und veranstalten in ihren Häusern regelmäßig Konzerte. Auch das Bürgertum betätigt sich, parallel zu seinem wirtschaftlichen Aufstieg, verstärkt kulturell. Öffentliche Konzerte und Akademien gewinnen für das städtische Musikleben zusehends an Bedeutung. Herausragende Komponisten dieser Epoche sind Joseph Haydn, Wolfgang Amadeus Mozart und Ludwig van Beethoven.

Ihre weltlichen Werke, etwa Symphonien, Kammermusiken und Opern, aber auch geistliche Kompositionen wie Beethovens *Missa Solemnis* oder Mozarts *Requiem* zählen zu absoluten Höhepunkten abendländischen Musikschaffens. Den Klassikern gelten formale Schemata wie die Sonatenform oder das Prinzip der zyklischen Anlage (zum Beispiel bei Streichquartetten, Konzerten und Symphonien) als verbindlich. Einfacher homophoner Satz wechselt dabei mit verknüpftem Stimmgewebe. Forte und piano folgen unmittelbar aufeinander. Eine dramatische Grundhaltung ist stets erkennbar.

Seit ungefähr 1780 entwickelt sich eine weitere, spezifisch österreichische musikalische Form – das Klavierlied. Der Bogen spannt sich von den «schlichten» Frühformen Franz Schuberts bis zu Hugo Wolf und Gustav Mahler.

Und noch ein für Wien charakteristisches Ereignis mit weltweiten Folgen fällt in diese Zeit: die Geburt des Wiener Walzers. Josef Lanner, Johann Strauß Vater und dessen Söhne Johann (der Walzerkönig), Joseph und Eduard bringen ihn zur höchsten Vollendung und machen ihn durch ihre Reisen weltberühmt. Die Begeisterung des bürgerlichen Wien im ausgehenden 18. und frühen 19. Jahrhundert für den Tanz im Allgemeinen und den Walzer im Besonderen liegt in der politischen Repression dieser Vormärz-Zeit begründet.

Als Klischee für das «typisch Wienerische» findet der Drehtanz im Dreivierteltakt in der Folge auch als musikalische Kunstform Eingang in Oper, Ballett, symphonische Dichtung, und vor allem in die Wiener Operette. Letztere feiert in Wien erstmals 1865 Triumphe – mit Franz von Suppés *Die schöne Galathee*. Es stellt sich heraus, dass Wien, wo Raimunds und Nestroys Zauber- und Travestiepossen seit langem geliebt werden, das ideale Pflaster für die Operette bildet. Unumstrittener Meister des neuen Genres ist Johann Strauß, dessen Werke *(Die Fledermaus, Der Zigeunerbaron)* bis heute zum Repertoire manch weltberühmter Opernbühne gehören. Strauß begründet gemeinsam mit Carl Millöcker und Carl Zeller das «goldene Zeitalter» der Wiener Operette. Der «goldenen» folgt nach der Jahrhundertwende die «silberne Ära». Angeführt von Franz Lehár *(Die Lustige Witwe)* lenken Leo Fall *(Die Rose von Stambul)*, Emmerich Kálmán *(Die Csárdásfürstin)* und Robert Stolz *(Wiener Blut)* mit ihren stark ungarisch angehauchten Evergreens das Wiener Publikum einmal mehr von den tristen politischen Verhältnissen ab.

Auch die Wiener Oper erlebt, dank Direktoren wie Gustav Mahler und Richard Strauss, Bühnenbildnern wie Alfred Roller und Tondichtern wie Strauss und Alexander Zemlinsky, nach 1900 eine glanzvolle Ära. Danach gehen Komponisten wie Alban Berg *(Wozzeck, Lulu)*, Gottfried von Einem *(Der Besuch der alten Dame, Dantons Tod)* und Franz Schreker *(Der ferne Klang)* neue Wege. Zuvor noch, gegen Ende des 19. Jahrhunderts, hatte vor allem die Instrumentalmusik eine hoch romantische Phase durchlebt. Die untrennbar damit verbundenen Namen: Johannes Brahms, Anton Bruckner und Hugo Wolf, aber auch Gustav Mahler und der frühe Arnold Schönberg.

Letzterer und unabhängig von ihm auch Joseph Matthias Hauer sprengen dann zu Beginn des neuen Jahrhunderts erstmals die Fesseln der Tonalität. Sie entwickeln die Zwölftonmusik, eine Kompositionstechnik, die auf den zwölf Halbtönen der Tonleiter aufbaut. Rund um diese Pioniere formiert sich die so genannte Zweite Wiener Schule, zu

Bild rechts
Der Eroica-Saal im Palais Lobkowitz, das der Welt größtes Theatermuseum beherbergt

deren wichtigsten Vertretern Anton von Webern, Alban Berg und Ernst Krenek zählen.

Nach 1945 hatte Wien, nachdem die meisten Großen der Zunft in der Nazizeit zur Emigration nach Übersee getrieben worden waren, seine Vorrangstellung in der zeitgenössischen Komposition an Paris und London, aber auch an Städte wie Köln und Darmstadt verloren. Den Kontakt mit neuer Musik vermittelten dem hiesigen Publikum erst allmählich wieder Pioniere wie Friedrich Cerha und Kurt Schwertsik, Otto M. Zykan, Erich Urbanner oder Heinz Karl Gruber.

Was Wien in der Kreation von E-Musik eher nur recht und schlecht gelang, und zwar international wieder zu einer gewissen Geltung zu gelangen, schaffte es in anderen Musikgattungen sehr wohl: So erzielten in den siebziger Jahren Liedermacher wie Wolfgang Ambros, Georg Danzer oder Reinhard Fendrich in der gesamten deutschsprachigen Popszene erstaunliche Erfolge. Der 1998 tödlich verunfallte Falco stand mit seinen unverkennbaren Disco-Rap-Funk-Mischungen einmal sogar an der Spitze der US-Charts. Und im Genre Musical genießt Wien dank Publikumsrennern wie *Cats* und *Phantom der Oper*, *Mozart* oder *Wake Up* seit nunmehr bereits fast zwanzig Jahren neben London den Rang einer Welthauptstadt.

Vom Schreiben und Sprechen – Dichtkunst und Theater in Wien

Kaum weniger kreativ als die Tonkünstler und mit vergleichbar großer stilistischer Vielfalt sind über die Jahrhunderte deren (wahl-)wienerische Kollegen und Kolleginnen aus der Schreiberzunft tätig. Als deren Urahn gewissermaßen gilt aus der Zeit des ritterlichen Minnesang Walther von der Vogelweide, der um 1200 am Wiener Hof der Babenberger «singen und sagen» lernt. Während sich in der Renaissance die Dichtung der großen geistigen Errungenschaften der Epoche nicht als ebenbürtig erweist und die Humanisten ihre Schriften damals ausschließlich auf Latein verfassen, werden in der darauf folgenden Barockzeit vielerlei literarische Gattungen eifrigst gepflegt. Allerdings entsprechen die Werke nicht einer Erlebnisdichtung im heutigen Sinn. Vielmehr wollen sie durch vorgegebene Formen und Themen belehren. Namhaftester Prosadichter jener Zeit ist Johann Beer, eine Ausnahmeerscheinung der Hofprediger Abraham a Sancta Clara, dessen derb-witzige Predigten als Meisterwerke überschwänglicher Rhetorik bis heute berühmt sind. Das barocke Sprechtheater wird in erster Linie von den Jesuiten betrieben.

1776 erhebt Joseph II. das Burgtheater zum Hof- und Nationaltheater. Schon eine Generation zuvor begründet Joseph Anton Stranitzky in seinem Kärntnertortheater die Tradition des Wiener Volkstheaters. Dieses enthält viele Elemente der Commedia dell'Arte und findet seine Heimstatt in der Folge vor allem auf den Vorstadtbühnen. Als Schauspiel- und oft auch Stegreiftheater umfasst das Repertoire, von dem nur ein Bruchteil überliefert ist, Lokalpossen, Zauberstücke und Singspiele, in denen die unterschiedlichsten literarischen Strömungen und Stoffe auf Wiener Verhältnisse übertragen und parodiert werden. Zentrale komische Figur ist der von Stranitzky geschaffene Hanswurst.

Anfang des 19. Jahrhunderts entfaltet sich die österreichische Dichtkunst dann in einem bis dahin ungekannten Reichtum. Unter den Dramatikern ragen Franz Grillparzer, in dessen Werken *(Die Ahnfrau, König Ottokars Glück und Ende)* sich bereits der spätere psychologische Realismus ankündigt, und die beiden genialen Volksdichter Johann Nestroy (er hinterließ achtzig Stücke) und Ferdinand Raimund hervor. Zu den bedeutendsten Erzählern gehören Adalbert

Bilder rechts und nächste Doppelseite
- **Bücher, wohin man auch schaut: In der Nationalbibliothek und im Lesezelt der stets im Herbst stattfindenden Veranstaltung «Rund um die Burg»**
- **Im Gedenkraum** (2 Bilder) **für den Romancier Heimito von Doderer (1896–1966). Dichtergrößen in Stein gemeißelt: Johann Wofgang von Goethe im Burggarten und Ferdinand Raimund mit geflügelter Muse im Weghuber-Park**

terra magica

terra magica

Stifter, Ferdinand von Saar und Maria von Ebner-Eschenbach. Auf lyrischem Gebiet sind insbesondere der wichtigste Mundartdichter des Landes, Franz Stelzhamer, die gegen Gewalt und Krieg anschreibende Friedensnobelpreisträgerin Bertha von Suttner, Ada Christen, die für die Linderung der Nöte der Frauen eintritt, sowie Nikolaus Lenau und Anastasius Grün zu erwähnen.

War schon das 19. Jahrhundert reich an literarischen Persönlichkeiten, so bringt die Wende zum 20. eine beispiellose Blütezeit. Wien wird endgültig zum kulturellen Schmelztiegel der Monarchie, ja ganz Europas. Literaten und Journalisten bevölkern die Kaffeehäuser, die dadurch neben den Salons zum zentralen Ort für die geistvoll ironische Auseinandersetzung mit den Problemen der Zeit werden. Sprachkünstler wie Egon Erwin Kisch, Egon Friedell, Alfred Polgar, Friedrich Torberg, Anton Kuh und Ferenc Molnár sind Synonyme für das Geistesleben im Fin de Siècle. Die Vielzahl an Begriffen, mit denen die Literaturwissenschaft versucht hat, einen gemeinsamen Nenner für diese Epoche zu finden – Symbolismus, Impressionismus, Neoromantik, Jugendstil – spiegelt die Vielfalt ihrer Vertreter und Ambitionen wider.

Knapp vor der Jahrhundertwende konstituiert sich rund um Hermann Bahr die Vereinigung Jung-Wien, eine Gruppe von Schriftstellern und Kritikern, die sich bewusst vom Naturalismus abwenden. Dem Kreis gehören unter anderen Hugo von Hofmannsthal, Arthur Schnitzler, Felix Salten, Richard Beer-Hofmann, Stefan Zweig und Peter Altenberg an. Jung-Wien hat kein eigentliches Programm. Gemeinsam ist allen Vertretern das Wissen um das zwar verzögerbare, aber unabwendbare Ende der Habsburgermonarchie. Als Reaktion rücken sie das Seelenleben des Menschen ins Blickfeld. In ihren Werken verschmelzen häufig Wirklichkeit und Traumwelt, trifft man oft auf Todesmotive.

Eine Ausnahmeerscheinung unter den Wiener Literaten ist der Wortvirtuose Karl Kraus. Der unbarmherzige Kritiker der Journalistensprache gibt zwischen 1899 und 1936 922 Nummern seiner satirisch-kritischen Zeitschrift *Die Fackel* heraus. Darin finden sich neben Artikeln zu aktuellen politischen, sozialen, wirtschaftlichen und kulturellen Themen auch literarische Originalbeiträge von Peter Altenberg, Heinrich Mann, Else Lasker-Schüler, Strindberg, Trakl, Wedekind und anderen. 1915 bis 1919 schreibt Kraus sein 800 Seiten umfassendes Antikriegsdrama *Die letzten Tage der Menschheit*.

In den letzten Jahren vor dem Ersten Weltkrieg wird eine neue literarische Bewegung deutlich: der Expressionismus. Seine wichtigsten austriakischen Vertreter sind die Dramatiker Oskar Kokoschka, Anton Wildgans und Franz Theodor Csokor, der Lyriker Georg Trakl und die Erzähler Alfred Kubin und Albert Paris Gütersloh. Eine weitere Gruppe dieser Literatengeneration entstammt dem neoromantisch orientierten Prager Dichterkreis. Ihre Mitglieder: Rainer Maria Rilke, Max Brod, Gustav Meyrink, Leo Perutz, Franz Werfel und – Franz Kafka. In einem gewissen Näheverhältnis zu ihnen steht der ebenfalls böhmischstämmige Alfred Kubin.

Auch die großen Romanciers Robert Musil, Hermann Broch, Joseph Roth und Heimito von Doderer gehören noch der Generation der vor 1900 Geborenen an. Roths Romane – etwa *Radetzkymarsch* und *Die Kapuzinergruft* – beschreiben den Zerfall des Vielvölkerstaates und der Zwischenkriegszeit eher wehmutsvoll und elegisch. Musil geht in seinem unvollendet gebliebenen Roman *Der Mann ohne Eigenschaften* (geschrieben 1930–1943) bei der Beschreibung «Kakaniens» vor dem großen Krieg weit analytischer vor. Doderers *Strudlhofstiege* und *Die Dämonen* haben die Zeit von 1923 bis zum Brand des Justizpalasts im Juli 1927 zum Thema. Auch Güterlohs Roman *Sonne und Mond* und Brochs *Der Tod des Vergil* behandeln die jüngste Zeitgeschichte. Fritz von Herzmanovsky-Orlando betrachtet dieselben Ereignisse eher durch eine Brille, die sie ins Skurrile verzerrt.

Nach den Inflationsjahren verzeichnet die Volksdichtung einen Aufschwung. Etwa durch Josef Weinheber, der das Wiener Alltagsleben mit Mundartgedichten illustriert. Ödön von Horvath *(Geschichten aus dem Wienerwald)* und Jura Soyfer *(Der Lechner Edi schaut ins Paradies)* setzen auf höchst kritische Weise die Tradition des Volksdramas fort.

Das Denkmal für Nationaldichter Franz Grillparzer (1791–1872)

Der Nationalsozialismus zwingt viele Literaten zur Emigration. Die in der Folge entstehende Exilliteratur wird nach dem Krieg sträflich lange in ihrem Wert unterschätzt.

Einen ersten Meilenstein nach der Befreiung bildet Ilse Aichingers 1948 erscheinender Roman *Die größere Hoffnung*. In diesen Jahren beginnt Ingeborg Bachmann in Wien ihre schriftstellerische Tätigkeit. Zwischen 1952 und 1955 schließen sich H. C. Artmann, Konrad Bayer, Gerhard Rühm, Oswald Wiener und Friedrich Achleitner zur Wiener Gruppe zusammen. Diese neue Avantgarde – sie orientiert sich teilweise an Dadaismus und Surrealismus – versteht sich als Opposition gegen die Erstarrung des literarischen Lebens. Ihr Konzept ist die Provokation. Die Ausdrucksformen ihrer Teamarbeit sind die Montage, vor allem aber Gedichte, bei denen akustisch und visuell der Wiener Dialekt zur Anwendung kommt. Höhepunkt des Schaffens der Gruppe sind zwei literarische Kabaretts und der Gedichtband *hosn, rosn, baa*. Nach Bayers Tod löst sich die Gruppe auf. In eine ähnliche Richtung wie die Wiener Gruppe zielen auch Friederike Mayröcker und Ernst Jandl, der verstärkt phonetische Komponenten in seine Gedichte verwebt.

Die jüngeren Autoren wie Peter Handke, Gert Jonke, Peter Rosei und Julian Schutting sind stark von Ludwig Wittgenstein beeinflusst. Seit den siebziger Jahren treten auch vermehrt Autoren wie Michael Scharang, Gernot Wolfgruber oder Gustav Ernst an die Öffentlichkeit, die dem damals viel diskutierten Realismusbegriff verpflichtet sind und in ihren Werken deutlich Sozialkritik üben. Als maßgeblicher Lyriker entpuppt sich in dieser Zeit auch Alfred Kolleritsch mit seinen philosophisch-existenziellen Gedichten. Die Gattung

Drama wird von Wolfgang Bauer, Peter Turrini und dem neben Handke herausragendsten Autor der österreichischen Gegenwartsliteratur, Thomas Bernhard, dominiert. Zu weit über die Landesgrenzen bekannten literarischen Größen wachsen in den achtziger und neunziger Jahren auch Autoren und Autorinnen wie etwa Elfriede Jelinek, Josef Haslinger, Erich Hackl und Christoph Ransmayr heran.

Glanz und Vielfalt der Konzert- und Bühnenwelt

Welch zentralen Stellenwert diese Stadt ihrem literarischen und musikalischen Erbe im Alltag bis heute beimisst, offenbart ein Blick auf ihre Bühnen und in die Konzertsäle beziehungsweise auf die viele Seiten umfassenden Veranstaltungshinweise der wöchentlich erscheinenden Programmzeitungen «Falter» und «City». Die Vielfalt an Dargebotenem verblüfft sogar zugereiste Kosmopoliten und zwingt sie zum Eingeständnis, dass die Kulturszene an der Donau denen an Themse, Seine oder Spree kaum nachsteht. Abertausendfach stürmen die Wiener allabendlich die Dutzenden großen und kleinen Zuschauerräume, um dort je nach Geschmack von harmlosen Komödianten oder hoch kritischen Kabarettisten, von Startenören oder Heavymetal-Gitarristen zerstreut, erbaut und/oder intellektuell gefordert zu werden. Ob sie sich alle bewusst sind, dass sie dieses überreiche Angebot auch dem Konsens unter den verantwortlichen Stadtpolitikern verdanken, in Zeiten, in denen andere Kommunen den Rotstift ansetzen und reihenweise Bühnen schließen, das Kulturleben weiterhin mit enormen Summen zu subventionieren?

Unter Wiens Sprechtheatern nimmt seit nun schon weit über hundert Jahren das Burgtheater unbestritten die Führungsrolle ein. Nahezu im Rang eines Nationalheiligtums, widmet es sich im Verbund mit den ihm zugehörigen Nebenbühnen, dem Akademietheater, dem Lusterboden und dem Kasino am Schwarzenbergplatz, nach wie vor der Pflege des klassischen wie des zeitgenössischen Theaters auf allerhöchstem Niveau. Wobei in den neunziger Jahren unter der Leitung von Claus Peymann manche Kontroverse zwischen dem scharfzüngigen Prinzipal, Mitgliedern des Ensembles sowie dem teilweise ziemlich konservativen Publikum und der Presse durchaus belebend wirkte und vor allem bewies, mit welch gelegentlich geradezu hysterischer Anteilnahme hierorts Theaterfreunde noch auf Ereignisse an «ihrer Burg» zu reagieren fähig und willens sind.

Stammplätze im Bewusstsein Kulturinteressierter haben auch die übrigen, teilweise jahrhundertealten Traditionsbühnen inne, zuvorderst das geschickt zwischen gutbürgerlichen und sozialdemokratisch-aufklärerischen Stoffen und Inszenierungen balancierende Volkstheater und das als Hort des gepflegten Konversationsstücks und Boulevardtheaters, aber bisweilen auch der hehren Klassik und dramatischen Gegenwartsliteratur geltende Theater in der Josefstadt. Darüber hinaus bevölkern zahlreiche Klein- und Mittelbühnen die Theaterlandschaft – vom avantgardistischen Schauspielhaus bis zum feministischen Theater in der Drachengasse, von der Gruppe 80, dem WUK, dem ORF-Radiokulturhaus, dem Schönbrunner Schloss- und Marionettentheater bis zu Herbert Lederers rührend-engagiertem Einmannbetrieb am Schwedenplatz oder Erwin Piplits' Serapionstruppe im Odeon, der alten, umgebauten Getreidebörse.

Eine urwienerische Spezialität bilden Kleinkunst-Beisln wie Spektakel und Metropol, Kulisse und Vindobona, wo das Publikum während der in der Regel herrlich bissigen Kabarett-Programme an Tischen sitzend nach Herzenslust schmausen und bechern kann. Für eine UNO-Stadt nachgerade selbstverständlich ist die Existenz zweier hochwertiger

Bilder rechts und nächste Doppelseite
• **Die Varieté- und Musicalbühne Ronacher von außen und innen**
• **Entree ins Metropol, eine beliebte Kleinkunstbühne im 17. Bezirk. Wenn Wien aufgeigt ... ein Violinquartett der klassischen Art. Kammermusik im Refektorium des Mechitharistenklosters. Der Bühnenraum von Vienna's English Theatre in der Josefsgasse**

terra magica

terra magica

angelsächsischer Bühnen – des International und des Vienna English Theatre.

Als Flaggschiff im Bereich Musiktheater fungiert die legendäre Staatsoper. Auf ihrer Bühne beziehungsweise an ihrem Pult standen seit der Eröffnung im Jahr 1869 so gut wie sämtliche Spitzensängerinnen, -sänger und -dirigenten der Welt. Im Orchestergraben sorgen die Wiener Philharmoniker für erlesenen Klang. Was freilich selbst Opernfans aus Mailand oder New York, die an das dort praktizierte Staggione-System gewöhnt sind, vor Neid erblassen lässt, ist die Tatsache, dass im «Haus am Ring» zehn Monate im Jahr, vom 1. September bis 30. Juni, fast täglich ein anderes Werk auf dem Programm steht, also ein – immens aufwändiger – Repertoirebetrieb gepflegt wird.

Zu stattlicher Statur ist im Laufe der Jahre auch die kleine Schwester der Staatsoper, die Volksoper, herangewachsen. Überwiegend für die Genres Spieloper, Singspiel und Operette zuständig, erreichen ihre Aufführungen die Qualität oft – fast – des Haupthauses. Als Nebenschauplatz der örtlichen Opernwelt und obendrein als charmante Talenteschmiede hat sich längst auch die am Fleischmarkt beheimatete – und im Sommer häufig im Schloss Schönbrunn gastierende – Kammeroper etabliert.

Und nicht zu vergessen ist schließlich das Theater an der Wien. In diesem entzückend plüschigen Logenrund erklang 1801 zum ersten Mal Beethovens *Fidelio*, wurden später diverse Operetten von Kálmán, Lehár und Millöcker, Strauß, Suppé und Zeller uraufgeführt. Heute jedoch lebt das unmittelbar neben dem Naschmarkt gelegene Haus, wie auch das ursprünglich als Domizil der Operetten-Muse errichtete Raimundtheater nahe dem Westbahnhof, vorwiegend von Musical-Produktionen.

Von überragender Bedeutung für das städtische Konzertgeschehen, ja geradezu zwei Ikonen für Wiens Rang als Musikmetropole, sind Musikverein und Konzerthaus. Ersterer, vor gut 130 Jahren im Auftrag der bürgerlichen Gesellschaft der Musikfreunde von Theophil von Hansen im historistischen Stil erbaut, besitzt mit dem dank der TV-Übertragung des Neujahrskonzerts rund um den Globus berühmten Goldenen Saal wohl einen der akustisch perfektesten und zugleich geschichtsträchtigsten Konzertsäle der Welt. Bruckner, Mahler, Schönberg, Strauss, Rubinstein, Horowitz, Karajan ... Keine Größe der modernen Musikgeschichte, die hier nicht das von barbusigen Karyatiden umstellte Publikum in Wohlklang getaucht hat und erschauern ließ.

Kaum minder prominent: all die Dirigenten, Solisten und Orchester, aber auch Jazz- und Popstars, die sich im Laufe der Generationen, wenige hundert Meter entfernt, im strahlend weißen Jugendstilambiente des Konzerthauses die Ehre gaben und geben. Besonders hoch ist die Frequenz hochkarätiger Gäste in den zwei Musentempeln übrigens im Frühsommer, wenn – jährlich alternierend – einer der beiden im Rahmen der Wiener Festwochen das Internationale Musikfest veranstaltet.

Von der Kunst des Festefeierns

Apropos Festwochen: Dieses stets Anfang Mai mit einer pompösen Stargala auf dem Rathausplatz eröffnete vierwöchige Riesenspektakel, das seine Programmverantwortlichen einmal treffend als «kulturelle Visitenkarte der Bundeshauptstadt» und als «Forum zur Begegnung mit internationalen Kunstströmungen» definierten, mag zwar Wiens mit Abstand bedeutendstes Festival sein. Schließlich reicht der Bogen der Aberhunderte Veranstaltungen vom sozialistisch-bodenständigen Bezirksfest im Gemeindebau bis zu den glamourösen Gastspielen der weltbesten Theater-, Tanz- und Musikensembles.

Es ist aber nur eines von vielen Festen und Festivals im Jahreslauf: So tauchen etwa die Wiener Philharmoniker das anspruchsvolle Musikverein-Publikum alljährlich in den klassisch-besinnlichen «Osterklang». Es folgt wenig später

Bilder rechts
**Das Konzerthaus außen ... und innen
beim traditionellen Champagnerball**

Japanischer Ausdruckstanz in Otto Wagners Jugendstil-Theater am Steinhof

im Konzerthaus das deutlich beschwingtere «Frühlingsfestival». Zeitgenössischere Töne erklingen im Rahmen der «Hörgänge» (im März) und der Reihe «Wien modern» (im mittleren Herbst).

Im Hochsommer wird der klassisch gestimmte «Klangbogen» gespannt und im Rahmen des «ImPuls-Festivals» von internationalen Spitzencompagnien aufgetanzt. Kurz vor Weihnachten huldigt man drei Wochen lang beim «Mozartfest» dem Werk des unsterblichen Wahlwieners aus Salzburg und kurz danach im Rahmen der «Resonanzen» der Renaissance- und Barockmusik.

Lauter und poppig gehts – vor zwei bis drei Millionen Zuhörern – im Juni beim «Donauinselfest», und deklariert multikulturell beim Openair «Hallamasch» im September zu. Und was wäre eine Weltstadt von heute ohne Love- beziehungsweise Regenbogen-Parade? Bei beiden bringen an zwei Junitagen heiße Funk- und Rave-Rhythmen die Sommerluft zum Schwirren.

terra magica

Alte und Neue Kunst: ein Gang durch Wiens spektakuläre Museumslandschaft

Viele Metropolen wird man in Europa nicht finden können, die auf dem Gebiet der bildenden Kunst mit einer ähnlichen Dichte von Sammlungen und Ausstellungsorten aufwarten. Von den Alten Meistern à la Rembrandt und Tizian über die goldenen Werke Klimts bis zu den Trends setzenden Initiativen junger Zeitgenossen reicht der Bogen des Gebotenen, das in seiner Gesamtheit gebührlich zu genießen wohl mehrere Wochen in Anspruch nähme. Einen großen Teil dieses Reichtums verdankt Wien den Habsburgerkaisern, die hier ab dem 16. Jahrhundert mit unbändiger Sammellust aus allen von ihnen beherrschten Landen Gemälde und andere Schätze zusammentrugen, zugleich jedoch auch als Mäzene Maler und Bildhauer, Baumeister und Kunsthandwerker großzügig mit Aufträgen versahen. Parallel betätigten sich auch Mitglieder des Adels seit der frühen Gotik schon, verstärkt aber in der Barock- und Biedermeierzeit als Kunstförderer und Sammler – eine Rolle, in der ihnen seit der Gründerzeit das liberale, zu Geld gekommene Bürgertum mit großem Erfolg nacheiferte.

Zwischen Tradition und Moderne:
Kunsthistorisches und Museumsquartier

Flaggschiff unter den Wiener Kunstmuseen ist seit seiner Eröffnung 1891 das «Kunsthistorische». Am Burgring, in Sichtweite des Kaiserpalastes thronend und von der in Bronze gegossenen Kaiserin Maria Theresia bewacht, repräsentiert es fünf Jahrhunderte europäischer Kultur- und Geistesgeschichte. Mittelpunkt seiner vielfältigen Sammlungen ist die phänomenale Gemäldegalerie. Sie umfasst neben der weltgrößten Brueghel-Kollektion Highlights aus den Werken so gut wie aller Großen aller Epochen zwischen Gotik und Romantik, von Altdorfer, Cranach, Holbein und Dürer über Rembrandt, Rubens, van Dyck und Ruisdael bis Tizian und Tintoretto, Raffael und Velázquez.

Und sie ist es auch, die das «KHM» neben dem Pariser Louvre, dem Prado in Madrid, der Sankt Petersburger Eremitage und den Uffizien in Florenz zu einem der wichtigsten und am reichsten bestückten Kunstmuseen des Kontinents macht. Angesichts solcher Schätze wird die Kostbarkeit des historistischen Gebäudes selbst gerne übersehen. Dabei war an seiner Ausstattung die Crème de la Crème der Fin-de-Siècle-Künstler, allen voran Hans Makart (für die Bilder in den Lünetten) sowie Ernst und Gustav Klimt (für die Zwickelbilder), beteiligt.

Ganz in der Nähe, im Areal der ehemaligen barocken Hofstallungen, wurde 2001 ein neuer, spektakulärer Kulturbezirk eröffnet – ein provokantes Gegenstück zum vis-à-vis gelegenen, traditionalistischen Kunstschrein und ein Magnet, der sofort scharenweise Kunstsinnige und Schaulustige aus aller Welt anlockte: das Museumsquartier, kurz und publicityträchtig «MQ» genannt. Beinahe zwanzig Jahre lang wurde rund um das von dem Architektenduo Laurids und Manfred Ortner geplante Projekt erhitzt debattiert und erbost protestiert. Phasenweise geriet der Meinungsstreit zum regelrechten Kulturkampf, in dem eine geifernde Boulevardpresse das Projekt beinahe zum Scheitern gebracht hätte. Schließlich aber wurde, nach etlichen Adaptierungen

Bilder nächste beiden Doppelseiten
- **Das von Gottfried Semper und Carl von Hasenauer errichtete Kunsthistorische Museum und ein – kleiner – Teil seiner Schätze**
- **Foyer und Innenräume der Kunsthalle im Museumsquartier**

terra magica

terra magica

terra magica

terra magica

und Umplanungen, gebaut – 38 Monate lang, zu Kosten von rund 170 Millionen Euro. Und am Ende hatte die Stadt 60 000 Quadratmeter zusätzlichen Lebensraum für die schönen Künste geschaffen.

Hinter der schlossähnlichen, über 350 Meter langen Fassade des einstigen Marstalls, den Vater und Sohn Fischer von Erlach seinerzeit für 600 Rösser und 200 Kutschen und mit viel Sinn für monumentale Wirkungen an den Rand des Glacis gestellt hatten, sind unzählige Institutionen beheimatet: das Tanzquartier Wien zum Beispiel, das Zoom-Kindermuseum, ein Theaterhaus für Kinder, das Tabakmuseum samt Art Cult Center, zwei große, vornehmlich von den Festwochen genutzte Veranstaltungshallen sowie das Architekturzentrum Wien, das mehrmals pro Jahr Fachausstellungen und regelmäßig Exkursionen organisiert, und die Kunsthalle, die sich als Werkstatt und Labor mit den programmatischen Schwerpunkten Fotografie, Video, Filminstallationen und Retrospektiven wichtiger zeitgenössischer Künstler definiert. Dann die zehn monatsweise zur Verfügung gestellten Künstlerateliers, das Quartier 21, das Dutzenden Initiativen der Avantgarde-Kultur eine Plattform bietet, und mehrere mondäne Cafés und Restaurants, die den weitläufigen Komplex bis in die frühen Morgenstunden beleben.

Die Hauptanziehungspunkte des urbanistischen Gesamtkunstwerkes bilden die beiden kühn zwischen die Barocktrakte gesetzten Riesenkuben. Der vom zentralen Eingang aus betrachtet rechte, ein düster und monolithisch wirkender Basaltlavablock, beherbergt das Museum moderner Kunst «MumoK»: Kubismus, Futurismus, Konstruktivismus, Surrealismus, Art informel und abstrakter Expressionismus. Kaum eine Stilrichtung der klassischen Moderne, die hier nicht mit wichtigen Werken vertreten wäre. Und auch die wesentlichen Tendenzen der Nachkriegszeit wie Pop-Art, Fluxus, Fotorealismus, Wiener Aktionismus, Nouveau Réalisme, Konzeptkunst, Minimal Art und Arte povera finden sich in dem hermetisch verhüllten, fast bis zur Hälfte in der Erde versenkten Quader dokumentiert.

Ungleich heiterer, aber auch traditioneller wirkt das Pendant zur «Black Box» des MumoK, der «White Cube» des Leopold-Museums. Hinter seiner mit bulgarischem Muschelkalkstein verkleideten und von zahlreichen Fenstern durchsetzten Fassade hat eine grandiose Kollektion der Wiener Secession, der Frühmoderne und des österreichischen Expressionismus ihre Heimat gefunden. Vierzig Jahre lang hatte ihr Namenspatron, der Wiener Augenarzt Rudolf Leopold, mit frenetischer Sammelleidenschaft über 5000 Werke zusammengetragen, die er nach längerem Hin und Her Ende der neunziger Jahre zwecks dauerhafter Zurschaustellung in diesem Haus dem Staat veräußerte.

Auf der 5400 Quadratmeter großen Ausstellungsfläche fand zwar nur ein Bruchteil des Schatzes Platz. Doch ist das Gezeigte – unter anderem Hauptwerke von Gustav Klimt, Oskar Kokoschka, Richard Gerstl, Herbert Boeckl, Anton Faistauer und Alfred Kubin sowie Möbel und Designobjekte der Wiener Werkstätten und Kunst aus Afrika, Ozeanien und Fernost – allemal höchst imposant. Und der Bestand an Werken Egon Schieles ist in Größe und Qualität sogar weltweit unübertroffen.

Betörende Museumsvielfalt oder: die Qual der Wahl

Mit dieser Extremdosis an Kunst ist die Tour d'Horizon durch die einschlägige Museumslandschaft freilich keineswegs absolviert. Zahlreiche weitere (Pflicht-)Stationen warten. Keine 500 Meter Luftlinie entfernt, am Schillerplatz, steht die Akademie der bildenden Künste. Deren Gemäldegalerie fristet ein merkwürdiges und ungerechtes Mauerblümchendasein, obgleich sie mit dem *Weltgerichtstripty-*

Bilder rechts und nächste beiden Doppelseiten
• **Aus Meerschaum geschnitzte Exponate des Tabakmuseums**
• **Der basaltgraue Kubus des Museums moderner Kunst (MumoK) im Museumsquartier. Café-Restaurant in dem auf Kunst um 1900 spezialisierten Museum Leopold**
• **Zwei von zahllosen Musentempeln: das Künstlerhaus auf dem Karlsplatz** (Bilder links) **und das Museum für Angewandte Kunst am Stubenring** (Bilder Mitte und rechts)

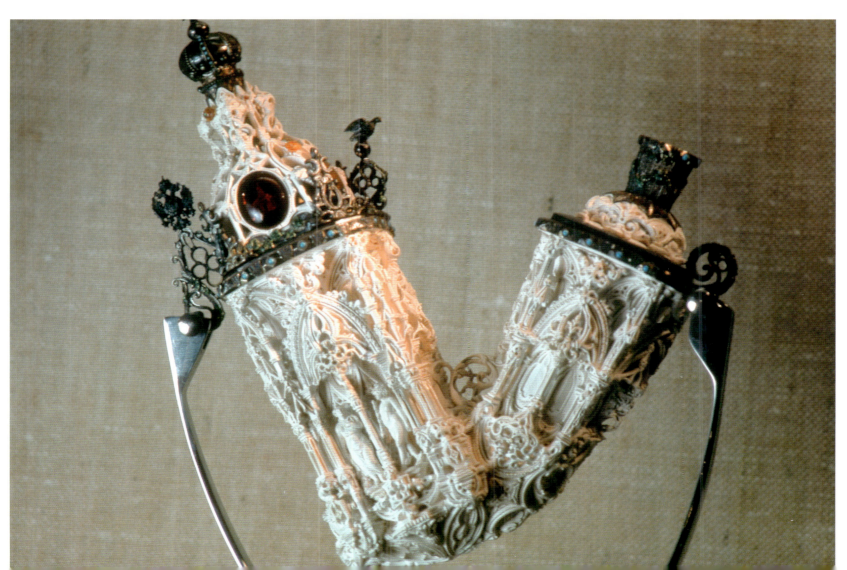

terra magica

terra magica

terra magica

terra magica

chon von Hieronymus Bosch eines der Hauptwerke dieses spätmittelalterlichen niederländischen Fantasten und mit dem zugehörigen Kupferstichkabinett eine famose Sammlung von Grafiken und Zeichnungen besitzt.

Ganz in der Nähe, unter der vergoldeten Lorbeerkuppel der Secession, Joseph Maria Olbrichs Glanzstück der Jugendstilarchitektur, harrt der berühmte *Beethoven-Fries*, ein 34 Meter langes Wandbild von Gustav Klimt aus dem Jahre 1902, der Bewunderer. Direkt gegenüber betreibt die Kunsthalle des MQ eine Zweigstelle: den futuristischen Ausstellungswürfel namens «project space». Am entgegengesetzten Ende des Karlsplatzes, diesem chronischen Sorgenkind für Generationen von Städteplanern, wartet das Historische Museum der Stadt Wien, dessen potthässliche Fünfziger-Jahre-Fassade die Barockpracht der benachbarten Karlskirche konterkariert, mit einem reichen Fundus an Tafelbildern, Veduten, Genrebildern und Aktzeichnungen von überregionaler Bedeutung auf.

Ebenfalls am Karlsplatz trachtet das Künstlerhaus, in dem 1861 die «Gesellschaft bildender Künstler Österreichs», immerhin die älteste Künstlervereinigung des Landes, begründet wurde, mit Ausstellungen zu Design, Architektur und Mode ein trendiges Publikum anzuziehen. Deutlich verjüngt hat sich auch die Zielrichtung des Museums für angewandte Kunst, dessen Langzeitdirektor Peter Noever schon des Längeren den Weg von den «Applied Arts» der ursprünglichen Sammlung hin zur Präsentation zeitgenössischer internationaler Kunst beschreitet.

Traditionell ganz der heimischen Malerei ist hingegen die Österreichische Galerie im Oberen Belvedere gewidmet. Ihre Bestände reichen vom Klassizismus über das 19. Jahrhundert mit Biedermeier (Waldmüller) und Historismus (Makart) bis ins 20. Jahrhundert zu den Secessionsmalern Schiele, Klimt und Kokoschka. Die Barock- und Rokokomalerei der Jahrzehnte vor und nach 1700 hat im Unteren Belvedere ihre Heimstatt. Und in der angegliederten Orangerie, dem Museum mittelalterlicher österreichischer Kunst, sind romanische und gotische Schnitzwerke und Altarbilder zu sehen.

Darüber hinaus buhlen etliche private Museen um öffentliche Aufmerksamkeit. Zuvorderst zu nennen: das Kunstforum Bank Austria auf der Freyung, das mit seinen Wechselausstellungen ungewöhnlich hohe Besucherzahlen erzielt; weiters, im dritten Bezirk, das von Friedensreich Hundertwasser gestaltete Kunsthaus Wien mit seinen – meist monografischen – Schauen von internationalem Format und die jenseits der nördlichen Stadtgrenze, nahe der Donau in Klosterneuburg, ansässige Sammlung Essl, die nicht nur wegen ihrer umfassenden Bestände an österreichischer Malerei nach 1945, sondern auch wegen des von Heinz Tesar entworfenen neuen Ausstellungshauses den nicht einmal halbstündigen Abstecher lohnt.

Einen mittlerweile unverzichtbaren, weil ungemein innovativen Bestandteil der Wiener Kunstszene bilden schließlich auch die in den letzten Jahren wie Pilze dutzendfach aus dem Boden geschossenen Galerien. Die Erkenntnis, dass gebündelte Aktivitäten vermehrt Publikum anlocken, haben etliche von ihnen zu nachbarschaftlichem Nebeneinander veranlasst. So entwickelten sich besonders entlang der Schleifmühlgasse im so genannten Freihausviertel, in der Eschenbachgasse und der Seilerstätte regelrechte Kunstquartiere, deren Attraktivität durch vermehrte Ansiedlung trendiger Gastronomiebetriebe, aber auch Design- und Trödelläden stetig steigt.

Bilder rechts, nächste Doppelseite und Seiten 62, 63
• Das Kunstforum auf der Freyung, bekannt für seine Ausstellungen zur Kunst der Klassischen Moderne. Hort zeitgenössischer Kunst: die Bawag-Foundation in der Tuchlauben • Ein kostbares Stück Industriearchitektur: das Semper-Depot unweit des Theaters an der Wien. Galerie Westlicht: wichtiger Schauplatz für Fotokunst. Im Zirkus- und Clownmuseum. Gegenwartskünstler-Forum: die Generali-Foundation • Zwei von Abertausenden Exponaten des Theatermuseums im Palais Lobkowitz • Fassade und Spiegelsaal der 2003 wiedereröffneten Albertina

terra magica

terra magica

Ein Dornröschenkuss für die Museumsszene

Die Bundesmuseen schliefen bis in die späten achtziger Jahre des 20. Jahrhunderts, krass unterdotiert, von pragmatisierten Hofräten brav verwaltet und dementsprechend verstaubt, den Schlaf der – scheinbar bis zum Nimmerleinstag prolongierten – Nachkriegszeit. Dann jedoch küssten verantwortliche Politiker die trägen Dauerpatienten wach, indem sie ihnen überfällige Zusatzsubventionen verabreichten und sie parallel Schritt um Schritt in die wirtschaftliche Selbständigkeit überführten. Erklärtes Ziel: den Museen die Chance zu geben, sich ein Profil zu erarbeiten, auf dass sie, wie der Gesetzgeber formulierte, künftig Teilnehmer «eines permanenten gesellschaftlichen Diskurses» sein könnten.

Anfang 1999 erhielt das Kunsthistorische seine Vollrechtsfähigkeit. Die übrigen neun Bundesmuseen erlangten denselben Status wenig später. Das neue Gesetz schrieb den kulturellen Auftrag der Museen ebenso fest wie die wirtschaftlichen Rahmenbedingungen (staatliche Förderungen inklusive), unter denen sie nunmehr zu führen sind.

Als machtvollstes Museumsunternehmen agierte in dieser neuen Situation von Anbeginn an das Kunsthistorische. Dessen Direktor Wilfried Seipel baute sukzessive ein regelrechtes Ausstellungsimperium auf, dessen Einflussbereich sich nunmehr vom Stammhaus am Ring über die Neue Burg, die Schatzkammer, das Lipizzaner- und das Theatermuseum, das Palais Harrach auf der Freyung und die Wagenburg in Schönbrunn bis zum Schloss Ambras im fernen Tirol erstreckt, wo der Habsburger-Erzherzog Ferdinand im 16. Jahrhundert sein Domizil und seine Kunstkammer unterhielt. Außerdem schloss Seipel einen Kooperationsvertrag mit dem amerikanischen Solomon R. Guggenheim Museum und der Sankt Petersburger Eremitage, der es den drei Institutionen erlaubt, exklusive Leihgaben zu tauschen und gemeinsame Ausstellungsprojekte in Drittländern wirksamer zu vermarkten.

Wie das «KHM», so steuert auch die Wiener Museumsszene insgesamt weiter auf Expansionskurs. Jüngstes Großereignis: Im Frühjahr 2003 öffnet die in einem Basteibau zwischen Staatsoper und Hofburg untergebrachte Graphische Sammlung Albertina nach mehrjähriger Sperre erneut ihre Pforten. Wobei aus dem ehemals verstaubten grafischen Kabinett ein hochmodernes Museum wurde – ein gebührlicher Rahmen für die immerhin weltweit größte Sammlung dieser Art, die mit ihren 44 000 Zeichnungen und Aquarellen sowie 1,5 Millionen Druckgrafik-Blättern so gut wie alle Künstler vom frühen 15. bis ins späte 20. Jahrhundert, darunter Dürer, Leonardo da Vinci, Raffael, Michelangelo, Rubens, Rembrandt und Schiele, vereint. Und als wärs nicht genug, gerät in Bälde auch das Palais Liechtenstein erneut ins Rampenlicht. Der prachtvolle barocke Adelspalast, in dem bis zu seiner Übersiedlung ins MQ das Museum moderner Kunst zu Hause war, wird in diesen Jahren dauerhaft von der Liechtenstein'schen Gemäldesammlung aus Vaduz, einer weiteren Juwelensammlung europäischer Malkunst, bezogen werden.

Wiens Technisches Museum – fünf Gehminuten von Schloss Schönbrunn entfernt

Drei Wiener Spezialitäten: Café, Heuriger und Tod

Die Wiener besitzen die seltsame Gabe, sich für ihr geselliges Beisammensein Orte zu schaffen, die über kurz oder lang Weltberühmtheit erlangen. Kaffeehäuser und Heurigen sind beides einmalige Institutionen und international längst Synonyme für wienerische Gemütlichkeit. Doch während Erstere nach einer Existenzkrise in den 1960er und 1970er Jahren nun wieder zahlreich und in ursprünglicher Form auferstehen, drohen Letztere mehr und mehr zum kitschigen Klischee zu entarten.

Zum Fixinventar jedes Wien-Feuilletons gehört eine Würdigung des Wiener Kaffeehauses. Seine Tradition, sein Zauber und seine Bedeutung als Brennpunkt des Geisteslebens seien einmalig, heißt es in den einschlägigen Texten, die längst Bibliotheken füllen. Dass zu der Zeit, als an der Donau die ersten Kaffeesieder vom Kaiser ihr Privileg erhielten, «daß türkhische Getränkh, als Caffé, The und Scherbet zu praeparieren», in den Städten Italiens und Frankreichs noble Cafés bereits gang und gäbe waren, verschweigen die Feuilletonisten – und auch die Texter der Tourismusbroschüren – geflissentlich. (1714 gab es etwa in Wien ganze vierzig Kaffeehäuser, in Paris dagegen bereits an die dreihundert).

Und auch die Legende um die Gründung des ersten Kaffeehauses in Wien wurde von den Chronisten stets nur halbherzig als solche enttarnt und lebt deshalb munter weiter. Ihr gemäß soll ein gewisser Georg Franz Kolschitzky, ein vermutlich aus Polen stammender Armenier, während der Türkenbelagerung von 1683 als kaiserlicher Kundschafter wagemutig das feindliche Lager durchquert und die Verbindung zwischen eingekesselter Stadt und Entsatzarmee hergestellt haben. Zum Lohn habe er die Erlaubnis zur Gründung eines Kaffeehauses erhalten. Freilich war Kolschitzky weder der einzige derartige Kurier – er war nur der propagandistisch geschickteste –, noch war er der Vater aller Cafetiers. Der Pionierruhm gebührt vielmehr Johannes Diodato und Isaak de Luca, zwei Armeniern, die 1697 zur folgenreichen Tat schritten.

Das Kaffeehaus

Zentrum der städtischen Intelligenzija wurde das Kaffeehaus in Wien spätestens in der Zeit des Biedermeier. Legendär war das Silberne Kaffeehaus des Ignaz Neuner, in dem sich Größen wie Franz Grillparzer, Moritz von Schwind, Nikolaus Lenau oder Ferdinand Raimund fast täglich ein Stelldichein gaben. In genau dieser Zeit feierten übrigens die Walzergötter Lanner und Strauß in den eben erfundenen Konzertcafés ihre ersten Triumphe.

Um 1900 und auch noch zwischen den beiden Weltkriegen hießen die Treffs des geistigen Wien «Herrenhof», Griensteidl und Central. An deren Marmortischchen wurde

Bilder nächste Doppelseite und Seiten 68, 69
• Gemütlicher Treffpunkt vis-à-vis der Börse:
Café Schottentor. Beliebt bei Schleckermäulern: Café
Oberlaa auf dem Neuen Markt. Berühmt als ehemaliger
Literatentreff: Café Central in der Herrengasse.
Sammelpunkt für Kunststudenten und Bohemiens: Café
Prückel am Stubenring. Die Lobby des traditionsreichen
Hotel «König von Ungarn» gleich hinter dem Stephansdom
• Inbegriff wienerischer Kaffeehauskultur:
das Café Demel am Kohlmarkt
• Café Bellaria. Minimalistische Inszenierung in der
Eden-Bar. In den Gelassen des Urbanikellers Am Hof.
Café Demel. Genießerin in der Café-Konditorei Heiner.
Restaurant im Urbanikeller (Am Hof)

terra magica

terra magica

terra magica

die Zukunft der Weltliteratur und -politik, der Musik und der Seelenkunde maßgeblich vorausbestimmt. Hofmannsthal, Werfel und Roth verfeinerten hier ihren Schreibstil, Kisch, Kraus und Kuh kreuzten die Federn, Lueger und Adler feilten an ihren Parteiprogrammen, Brecht und Trotzki disputierten Schach spielend die künftige Lage der Welt. Und selbst Sigmund Freud schlürfte hier regelmäßig seinen Milchkaffee, während er das Verhalten seiner Mitmenschen beobachtete und analysierte.

Von solch geballter Schöpferkraft kann am Anfang des 21. Jahrhunderts keine Rede mehr sein. Hauptgrund für ihr Fehlen ist das Verschwinden des jüdischen Publikums. Die Vertreibung und Vernichtung der 200 000 Juden Wiens durch die Nationalsozialisten hinterließ auch in den Kaffeehäusern ein unauffüllbares geistiges Vakuum. Die Behauptung, das Wiener Kaffeehaus hätte den Krieg und die ersten Jahre danach, als die Etablissements vielerorts in Bankfilialen und Autosalons umgewandelt wurden, überlebt, ist deshalb schlichtweg falsch. Sie basiert nicht auf Tatsachen, sondern auf einer Verdrängung. Das Kaffeehaus, mit dem die Stadt heute so gerne wirbt, ist mit demjenigen der Zeit vor dem Zweiten Weltkrieg nicht identisch, sondern höchstens verwandt.

Wahr freilich ist die Behauptung, dass die Nachkriegsversion des «öffentlichen Wohnzimmers», von dem Alfred Polgar sagte, es sei für Leute da, *die allein sein wollen, aber dazu Gesellschaft brauchen,* wieder en vogue ist. Wobei mehr denn je unterschieden werden muss: En vogue sind – vor allem bei Touristen – wieder die Renommiercafés am Ring und rund um die Hofburg, die Sachers, Demels, Mozarts und Centrals. Sie alle wurden in jüngerer Vergangenheit auf das Entschlossenste revitalisiert. Ihr Preisniveau ist durchwegs hoch.

Beliebt ist allerdings auch jene Art von Großcafé, das Politikern, Journalisten und Businessleuten zugleich als Geschäftslokal, Parteiaußenstelle und Informationszentrale dient. Sein Kennzeichen: ein großes Zeitschriftensortiment, gehobener Lärmpegel und ebensolche Preise. Und gut besucht sind auch all die anderen Varianten der insgesamt über 500 Cafés: die der Künstler, die sich durch überdurchschnittlich hohe Rauchkonzentration und überlange Öffnungszeiten auszeichnen; die der älteren Damen, die sich, plüschig und äußerst dackelfreundlich, so gut für ein «Tratscherl», ein kurzes Gespräch von Frau zu Frau, eignen; und die stillen, in denen ältere Herren nachmittagelang Schach, Bridge oder Billard spielen und Liebespärchen einander umfangen.

Herübergerettet aus fernen Tagen hat sich in den meisten dieser Lokalitäten auch das lebendige Mobiliar: der soignierte Ober mit schwarzer Frackweste, Schleife und Geldtasche an der Hüfte. Der Stammgast, der – mehr um die Zeit totzuschlagen als zwecks Information – endlos in den in- und ausländischen Zeitungen blättert. Und der Pensionist, der, wie der Literat Ludwig Hirschfeld es nannte, *schweigend und regungslos, in einer Art stumpfsinniger Nachdenklichkeit* die Stunden verdöst. Nur die vollbusige Sitzkassiererin nahe dem Eingang, die über Registrierkasse und Kuchenvitrine zu herrschen pflegte, und der Piccolo, jener halbwüchsige Assistent des Obers, der die Tische abzuräumen, die Zeitungen zu ordnen und die Gläser mit Gratis-Trinkwasser aufzufüllen hatte, sind Vergangenheit. Ihre Sisyphusarbeit hat heute der Ober (für zehn Prozent Trinkgeld!) selbst zu besorgen.

Der Wiener Heurige

Für Uneingeweihte sind alle Lokalitäten, in denen man in malerischen Innenhöfen oder Gewölben Wein trinkt, der Musik lauscht und Stelze oder kaltes Geflügel mit Gurkensalat und Salzstangerl isst, Heurige. Kennern blutet ob solcher Pauschalbezeichnung freilich das Herz. Denn vieles, was einem echten Heurigen auf den ersten Blick täuschend ähneln mag, ist auf den zweiten eine schnöde Gaststätte

Bilder rechts
Typische Heurigenlokale in den traditionellen Weinbaugegenden Grinzing und Nussdorf

oder Weinschenke, die, um Touristen anzulocken, zwar auch ein reichhaltiges Buffet, Instrumentalmusik und Gesang anbietet, in Wirklichkeit aber die Heurigenstimmung nur vorgaukelt. Die Preise sind in solchen Massenbetrieben meist hoch und die Weine – dies macht den entscheidenden Unterschied! – von irgendwo zugekauft und zudem häufig unbekömmlich.

Echte Heurigenlokale hingegen, man nennt sie auch Buschenschenken, sind meist kleiner, stiller und preiswerter. Sie kredenzen in den charakteristischen Viertelliter-Henkelgläsern ausnahmslos Eigenbauweine – vorwiegend aus der letzten Ernte stammende, die deshalb den etwas verwirrenden Namen Heurige tragen. Sie gelten im Allgemeinen als leicht, also alkoholarm, fruchtig und spritzig. Besonders gefragt ist bei Stammgästen dabei der so genannte Gemischte Satz, eine Mischung verschiedener im Weingarten ausgepflanzter Rebsorten, deren Trauben gemeinsam gelesen und gekeltert werden. Auch hier wird musiziert, allerdings nicht, wie mancherorts bereits, mit Hammondorgel und Verstärker, sondern beinah wie zu Zeiten der Brüder Schrammel. Die hatten vor hundert Jahren mit ihrem Quartett das Genre der Schrammel-Musik begründet. Einziger Unterschied zu damals: Statt eines Klarinettisten spielt heute neben zwei Geigern und dem Gitarristen ein Ziehharmonikaspieler.

Die als Heurige verkleideten Gastronomiebetriebe gibt es seit dem Anschwellen der Touristenströme, den echten Heurigen hingegen von alters her. Die Behauptung, die Tradition des Buschenschanks reiche bis zu den Kelten und Illyrern zurück, ist vielleicht etwas gewagt – obwohl Funde von Traubenkernen in der Region belegen, dass diese Völker tatsächlich schon vor über 2500 Jahren das warme, trockene Klima am Ostende der Alpen zum Weinbau nutzten. Gesichert hingegen ist, dass die einheimische Bevölkerung ihre Bekanntschaft mit neuen Sorten und Kultivierungsmethoden Kaiser Marcus Aurelius Probus verdankt. Der römische Herrscher hob das Anbauverbot von Reben in erobertem Gebiet auf. Im Spätmittelalter waren große Flächen außerhalb und innerhalb der Stadtmauern von Weingärten bedeckt.

Damals gehörten so genannte Kellerausrufer zum gewohnten Straßenbild. Sie warben lauthals für neu eröffnete Kellerlokale und verteilten aus kleinen Fässern Kostproben. Die Ernteerträge waren so enorm, dass kaiserliche Erlässe nicht nur das Anlegen neuer Gärten verboten, sondern wenig später sogar befahlen, saure Weine zum Anrühren des Mörtels für den Stephansdom zu verwenden. Die Wiener tranken pro Kopf und Jahr bis zu 120 Liter Rebensaft. Und das, obwohl Frauen zeitweise der Besuch von Buschenschenken verboten war.

Durch die Türkenbelagerung erlitten die Weingärten dann erstmals großen Schaden. Und Ende des 19. Jahrhunderts sank der jährliche Durchschnittsverbrauch gar auf wenige Liter. Weinsteuern, das Aufkommen von Bier und Kaffee und schließlich die Reblaus hatten den Weinbau beinahe vollkommen ruiniert. Die Winzer verarmten. Sie kamen erst nach dem Zweiten Weltkrieg allmählich wieder zu Wohlstand. Gegenwärtig sind es immerhin rund 650 meist kleine registrierte Weinbaubetriebe (darunter ein knappes Drittel konzessionierte Buschenschenker), die über 700 Hektar Rebfläche bewirtschaften. Sie ernten im Durchschnitt zweieinhalb Millionen Liter im Jahr, von denen rund 95 Prozent in Heurigen verkauft werden.

Ein strenges Gesetz soll die echten Buschenschenken vor der Konkurrenz durch hemmungslos kommerzialisierte Pseudo-Heurige schützen. Es beschränkt zwar einerseits die Dauer der jährlichen Ausschankzeit, erlaubt den Wirten aber, in diesen Monaten an der Hausmauer als Qualitätskennzeichen einen grünen Föhrenbusch und eine Tafel mit der Inschrift «Ausg'steckt» anzubringen. Wer originäre Heurige sucht, findet sie in den Tageszeitungen unter der Rubrik «Ausg'steckt» sowie im Zentrum der Weinbauorte auf speziellen Informationstafeln aufgelistet. Seit 1989 weisen darüber hinaus an den Eingängen zu Qualitätsbetrieben Gütezeichen mit dem Schriftzug «Original Wiener Heuriger» darauf hin, dass dort eigene Hausweine ausgeschenkt werden.

Leider haben sich diese Schutzmassnahmen als ziemlich wirkungslos erwiesen, wie das Beispiel Grinzing zeigt. In

Auf Europas größtem Gottesacker: dem Wiener Zentralfriedhof

dem abgesehen von Gumpoldskirchen, das südlich außerhalb Wiens liegt, wohl bekanntesten Heurigenort gab es in den 1960er Jahren neben zwei gewerblichen Gasthäusern ungefähr sechzig echte Buschenschenken. Heute kommen auf jeden traditionellen Betrieb zwei Gaststätten oder Restaurants mit Konzession für Weinzukauf.

Eine ewige Liebe: die Wiener und der Tod

Man sagt, die Wiener hätten im Vergleich zu anderen Großstädtern eine besonders intime Beziehung zum Tod. Im Unterschied zu so vielen anderen gängigen Klischees entspricht dieses ausnahmslos der Wahrheit. Indizien? Man mische sich bloß einmal bei einem Heurigen unter die mehr oder weniger «illuminierten» Einheimischen und lausche genau auf die Texte ihrer weinerlich-raunzigen Lieder: Vom «Wein» ist darin die Rede, der «sein wird, wenn man nimmer sein wird», vom «G'wand, das verkauft wird, um in Himmel zu fahr'n», oder von «die Fiaker, die an trag'n, wenn ma amal stirbt».

Oder man höre den Wienern zu, wenn sie von einer «schönen Leich'» schwärmen, jenem repräsentativen Begräbnis mit prunkvollem Kondukt und großer Trauergemeinde, mit stimmiger musikalischer Umrahmung, pathetischen Nachrufen und opulentem Leichenschmaus, das so viele als End- und Höhepunkt ihres durch und durch bescheidenen Lebens erhoffen. Nicht ohne tiefe Gründe bestellen noch heute in mehr als fünfzig Prozent aller Todesfälle die Hinterbliebenen bei der Städtischen Bestattung das teure «Begräbnis erster Klasse».

Auch ist es wohl kaum Zufall, dass Sigmund Freud gerade in dieser seiner Heimatstadt den Todestrieb entdeckte und der als «Mister Suicide» in der Psychologenwelt berühmte Erwin Ringel hier – 1948 bereits – Europas erstes «Kriseninterventionszentrum» gründete und 1960 dann die erste «Internationale Vereinigung für Selbstmordverhütung». Ein beliebter Hinweis für die Todessehnsucht der Wiener freilich hat seine Gültigkeit mittlerweile verloren: Nachdem sie in der internationalen Selbstmordstatistik jahrzehntelang hinter den Ungarn den zweiten Platz belegten, rangieren sie neuerdings «nur» mehr im Mittelfeld.

terra magica

Fremde, die diese seelischen Eigenheiten der Wiener besser verstehen wollen, sollten sich am Schwarzenbergplatz in einen Straßenbahnzug der Linie 71 setzen und nach Simmering hinaus zum Zentralfriedhof fahren – am besten natürlich zu Allerheiligen, wenn Hunderttausende dorthin zu ihren toten Angehörigen wallfahren. Denn dieses «Aphrodisiakum für Nekrophile», wie der scharfzüngige Wiener André Heller den «Zentral» einmal nannte, ist mit seiner Fläche von 2,4 Quadratkilometern, seinen mehr als 300 000 Gräbern, in denen ungefähr drei Millionen Menschen bestattet sind, nicht nur einer der größten Gottesäcker Europas, sondern auch ein unvergleichlich wienerischer Ort.

Denn nirgendwo wird deutlicher, dass hierzulande ein Friedhof immer auch ein Ziel für Familienausflüge und geruhsame Spaziergänge ist, eine Stätte mit Maroniverkäufern und Würstelständen, die Trost für die Unbill des Lebens spendet. Und nirgendwo sonst hat man Gelegenheit, kostenlos Wiener Philharmoniker und Chorsänger aus der Staatsoper live zu erleben: Sie verdienen sich am Rand offener Gräber mit schmalzigen «Averln» (Gounods «Ave Maria») oder gestrichenen Trauermärschen tagtäglich ein Zubrot.

Freilich birgt der Zentralfriedhof auch kulturhistorisch Interessantes: den Bereich der so genannten Ehrengräber zum Beispiel – eine Art österreichischen Pantheons, in dem neben anderen Ludwig van Beethoven, Christoph Willibald Gluck, Franz Schubert, Johannes Brahms, Arnold Schönberg, Robert Stolz sowie Johann Strauß Vater und Sohn bestattet liegen. Aber auch zahlreiche Maler-, Schauspieler- und Dichtergrößen von Hans Makart, Rudolf von Alt, Josef Hoffmann und Fritz Wotruba über Johann Nestroy, Franz Werfel, Arthur Schnitzler, Friedrich Torberg und Karl Kraus bis Helmut Qualtinger, Theo Lingen und Curd Jürgens fanden hier ihre letzte Ruhestätte.

Gleich dahinter erhebt sich die wuchtige, zwischen 1908 und 1910 von Max Hegele erbaute Dr.-Karl-Lueger-Gedächtniskirche, das Gegenstück zu Otto Wagners Jugendstil-Kirche am Steinhof. Architektonisch beachtenswert sind außerdem das reliefverzierte Hauptportal und gegenüber – auf dem Gelände des verfallenen, seit kurzem wenigstens für sommerliche Openair-Filmvorführungen wieder genutzten Renaissanceschlosses Neugebäude (so heißt dieses frühere Lustschloss Kaiser Maximilians) – das 1922/23 von Clemens Holzmeister erbaute Krematorium.

Die 1874 erfolgte Gründung dieser riesigen Totenstadt markierte den zweiten großen Einschnitt in der Geschichte des Wiener Bestattungswesens. Den ersten hatte – fast hundert Jahre zuvor – Joseph II., der Reformkaiser, bewirkt. Er verbot zum einen die Bestattung in Kirchen und in deren vor allem zu Epidemiezeiten überfüllten Grüften und beraubte den Klerus damit einer wichtigen Einnahmequelle. Zum anderen verbannte er – im Glauben, die Verwesungsgase seien die Ursache für die zahllosen Seuchen – alle Friedhöfe aus dem Stadtzentrum, wo sie rund um die Gotteshäuser angelegt waren, und ließ außerhalb des Linienwalls neue «communale Leichenhöfe» anlegen.

Die Vorortfriedhöfe aus der josephinischen Zeit (sie lagen in Währing und Margareten, in Matzleinsdorf und auf der Schmelz) wurden – mit einer Ausnahme – nach der Eröffnung des Zentralfriedhofs von den Gemeindevätern des «Roten Wien» in grüne Erholungsflächen und Spielplätze umgewandelt. Diese denkmalgeschützte Ausnahme ist der Friedhof von Sankt Marx im dritten Bezirk – Wiens einzige erhaltene Biedermeier-Begräbnisstätte, ein efeuüberwuchertes Paradies für Melancholiker. Rund 6000 Grabsteine aus der Zeit von 1784 bis 1874 geben dort Aufschluss über vergangene Eitelkeiten. Ihre Inschriften zeugen von «Fabricanten», «Privatiers» und «geheimen Räthen», von «Todtengräbern» und «k. k. Kassieren» und – nicht zu vergessen – von einer «bürgerlichen Kanalräumers-Gattin».

Der mit Abstand prominenteste Dauergast auf dem vom Stadtverkehr umtosten Gelände ist Wolfgang Amadeus Mozart. Er wurde hier bekanntlich in einem Massengrab verscharrt. Wie meinte Helmut Qualtinger? *In Wien musst erst*

Bilder rechts
Im Museum für Bestattungswesen in Wien 4, Goldeggasse. Zeremonieller Bestattungszug – im Jahre 1989 – für Zita, Österreichs letzter Kaiserin

Die Gewölbe der Michaelergruft unter der gleichnamigen Kirche

sterben, damit sie dich hochleben lassen. Aber dann lebst lang.

Neben demjenigen von Sankt Marx lohnen vor allem die Nobelfriedhöfe von Hietzing, Grinzing, Döbling und Heiligenstadt wegen ihrer beschaulichen Stimmung und der künstlerisch häufig hochwertigen Grabdenkmäler einen Besuch. Von speziellem Reiz sind außerdem der über 400 Jahre alte, von den Nationalsozialisten verwüstete und erst 1984 wieder eröffnete jüdische Friedhof in der Seegasse und der ohne Auto allerdings nur mühsam erreichbare «Friedhof der Namenlosen» im Alberner Hafen, die Ruhestätte der in der Donau Ertrunkenen.

Zum Abschluss der nekrologischen Stadtbesichtigung erwartet den Interessierten eine Besonderheit ersten Ranges: das «Museum für Bestattungswesen» in der Goldeggasse im vierten Bezirk. Dort dokumentieren über 600 Exponate alle denkbaren Auswüchse des wienerischen Totenkults. Neben Trauerlivreen, Schärpen und Accessoires der Totengräber, verschiedenen Sarg-, Urnen- und Leichenwagenmodellen, Kranzschleifen und historischen Patenten sieht man auch die berühmte Rettungsglocke, mit der Scheintote auf sich aufmerksam machen konnten, den josephinischen Sparsarg, dessen Klappe eine Wiederverwendung ermöglichte, und das bewegliche Modell eines militärischen Kondukts, das auf Wunsch Diabellis *Trauermarsch* klimpert. Nicht zu vergessen jene abstrus-makabren, im 19. Jahrhundert beliebten Fotografien, auf denen Verstorbene in Posen von Lebenden abgebildet sind.

Wiens Burg:
Brennpunkt von Prunk und Macht

Bereits der Blick auf den Grundriss lässt eine lange Entstehungsgeschichte erahnen. Eine solche Ansammlung an Trakten, Höfen und Durchgängen, vollkommen asymmetrisch und oftmals in schiefen Winkeln aneinander gefügt, kann keinem einzelnen Architektenhirn entsprungen sein. Nein, hier haben zweifellos zahlreiche Generationen von Bauherren und, so lassen die höchst unterschiedlichen, teils mittelalterlich verwinkelten, teils aufklärerisch geradlinigen, teils bauchig barocken Raumformen vermuten, auch sehr verschiedene Stilvorstellungen zusammengewirkt.

Die Urzelle dieses Gebäudekonglomerats namens Hofburg keimte bereits zur Zeit Ottokar Przemysls und Rudolf I., also im ausgehenden 13. Jahrhundert. Sie hatte die Form einer viertürmigen Festung, war von einem Wall und Wassergraben geschützt und nur über eine Zugbrücke betretbar. Ihren Mittelpunkt bildete der noch heute existierende Schweizerhof. Während von jenem gotischen «castro Wienennsi» nur noch die Burgkapelle zu sehen ist, blieb von dem knapp 300 Jahre später auf Geheiß Ferdinand I. und Maximilian II. im Renaissancestil erfolgten Um- und Ausbau mancherlei erhalten: die Amalienburg zum Beispiel, die Stallburg sowie die Fassaden des Schweizerhofes samt dessen gleichnamigem, prächtig verzierten und rot-schwarz-golden leuchtenden Eingangsportal.

Im 17. Jahrhundert bekommt «die Burg», wie die Wiener das Machtzentrum der Monarchie seit alters nennen, durch Leopold I. eine neuerliche, nun schon frühbarocke Erweiterung in Form des – nomen est omen – Leopoldinischen Traktes verpasst. Im Spätbarock, nach dem Triumph über die Türken, erfolgt unter der Regentschaft Karl VI. die groß angelegte Umgestaltung, in deren Rahmen Reichskanzlei- und Reitschultrakt sowie die Hofbibliothek entstehen. Und zu Beginn des 19. Jahrhunderts schließlich lässt Franz II./I. den Zeremoniensaal hinzufügen, in dem fortan die Kapitelfeste der österreichischen Orden stattfinden.

Etwa zeitgleich wird an der Südseite, also zum Burgring hin, der Heldenplatz angelegt. Die weitläufige Freifläche sollte jahrzehntelang der k.u.k. Armee zum Paradieren und Exerzieren und im März 1938 dann, unmittelbar nach Österreichs «Heimholung» ins Deutsche Reich, einem gewissen Herrn Hitler als Kulisse für seine berühmt-berüchtigte Hetzrede vor Hunderttausenden Anhängern dienen. Ihrer ursprünglich militärischen Nutzung entsprechend zieren zwei bedeutende Feldherren, beide aus Bronze gegossen und hoch zu Pferd, den Platz – Erzherzog Karl, Napoleons siegreicher Gegner bei Aspern, und der savoyardische Türkenbezwinger Prinz Eugen.

Die letzte Bauphase gegen Ende des 19. Jahrhunderts bringt schließlich den Abschluss im Nordbereich in Form des Michaelertraktes und, zwischen Heldenplatz und Burggarten gelegen, die von Carl von Hasenauer und Gottfried Semper als monumentaler Halbkreis entworfene «Neue Burg». Letztere hätte nach den Plänen der beiden Ringstraßenarchitekten gemeinsam mit einem spiegelgleichen zweiten Flügel, einem mächtigen Quertrakt und Bögengängen als Verbindung zu den zwei Hofmuseen das so genannte Kaiserforum bilden sollen. Doch der Erste Weltkrieg vereitelte das gigantische Bauvorhaben. Wodurch uns Spätgeborenen der freie Blick über den Heldenplatz zu Burgtheater und Rathaus bis hin zum Kahlenberg erhalten blieb.

Bilder nächste beiden Doppelseiten
• **Das Halbrund der so genannten Neuen Burg, errichtet ab 1881 nach Plänen von Gottfried Semper und Carl Hasenauer**
• **Die Michaelerkirche (links) auf dem gleichnamigen Platz, rechterhand der Michaelertrakt im Nordbereich der Hofburg**

Mehr als 600 Jahre lang diente die Hofburg den Habsburgern als Wohn- und Herrschaftssitz. Mit Abstand am längsten, nämlich 68 Jahre (eine der längsten Regentschaften der Weltgeschichte) von 1848 bis 1916, residierte in ihr Kaiser Franz Joseph I. Der Monarch, ein Asket von höchsten Gnaden und eher beamtischem Geist, pflegte sich täglich auf die Minute um vier Uhr von seinem eisernen Militärbett zu erheben, um, nach spartanischem Frühstück, am Stehpult das Aktenstudium in Angriff zu nehmen. Derweil begann seine schöne, schlankheitsbesessene Gattin Sisi eine Zimmerflucht weiter an eigens installierten Turngeräten mit ihrer Morgengymnastik. Damit das von komplizierten Verordnungen und Ritualen geprägte Leben am Hof reibungslos vonstatten ging, waren dem Kaiser, dem bekanntlich laut eigener Aussage «nichts erspart blieb», an die 1000 Diener unterstellt. Ein nachgerade kleines Team, verglichen mit jenen 3000 Bediensteten, die zwei Jahrhunderte früher, unter Leopold I., für die Einhaltung des damals noch ungleich strengeren «spanischen Protokolls» sorgten.

Reithalle, Lesesaal, Mietwohnungen und Museen

Normal sterblichen Besuchern von heute präsentiert sich die Hofburg einigermaßen verbürgerlicht. Gewiss, seit 1946 waltet hier Österreichs Staatsoberhaupt, der Bundespräsident, unterstützt von einem großen Beamtenstab seines Amtes. Doch in vielen der insgesamt mehr als 2600 Räume ist mittlerweile auch das «gewöhnliche» Volk geduldet, wenn nicht gar hochwillkommen. Da sind zum einen jene ungefähr achtzig Personen, die als Privatmieter einer Dienst-

Bilder rechts und nächste Doppelseite
• Die Kaisertafel in der Silberkammer im so genannten Reichskanzleitrakt der Hofburg
• Das Michaelertor mit der Kuppel gleichen Namens. Der große Hof «In der Burg». Blick vom Burghof Richtung Heldenplatz. Michaelerplatz und Kohlmarkt, gesehen vom Michaelertor

terra magica

terra magica

terra magica

terra magica

wohnung das Privileg genießen, zu erschwinglichen Preisen an Wiens allererster Adresse zu logieren.

Da sind zum anderen die Tagungsteilnehmer aus der ganzen Welt, allen voran die Vertreter der Organisation für Sicherheit und Zusammenarbeit in Europa (OSZE), die einander regelmäßig im Konferenzzentrum in der Neuen Burg ein Stelldichein geben. Unter der grünspanigen Michaelerkuppel, auf der Batthyanistiege, gehen Studentinnen und Studenten der Theaterwissenschaft aus und ein. Auch der Lesesaal der rund drei Millionen Bücher umfassenden und an die 300 Angestellte beschäftigenden Nationalbibliothek ist frei zugänglich und wird vom wissbegierigen Teil der Bevölkerung eifrig frequentiert.

Hinter den dreistöckigen Arkadengängen der Stallburg haben die legendären Lipizzaner ihre Heimstatt. In der angrenzenden Winterreitschule vollführen sie bei der «Morgenarbeit» und bei den zahlreichen Galavorstellungen ihre Kapriolen, Courbetten und Levaden. Und dann sind da noch die insgesamt vierzehn Museen, die zum überwiegenden Teil in der Neuen Burg zuhause sind: das für Völkerkunde etwa mit seinen vielen kostbaren ethnografischen Exponaten; die Sammlungen alter Waffen, Musikinstrumente, Papyri, Karten und Globen; das Ephesos-Museum, in dem Österreichs archäologisches Engagement in der kleinasiatischen Ruinenstadt dokumentiert ist; und – nicht zu vergessen! – der Welt einziges Esperanto-Museum.

An imperialer Pracht hat der ebenso riesige wie verschachtelte Gebäudekomplex, der sich zwischen Helden-, Josefs- und Michaelerplatz auf einer Fläche von über 240 000 Quadratmetern ausdehnt, seit der Blütezeit der Habsburgermonarchie nichts eingebüßt. Eher im Gegenteil: Die Republik hütet das Erbe sorgsam und lässt sich seine Erhaltung und stilbewusste Modernisierung viel kosten. Für Touristen am augenfälligsten wird dies, wenn sie die drei

neben der Spanischen Hofreitschule und den in der Burgkapelle regelmäßig vor Publikum trällernden Sängerknaben größten Attraktionen der Hofburg besuchen: die Schatzkammer, die Silberkammer und den Prunksaal der Nationalbibliothek.

In Ersterer bekommt man in edlem Ambiente eine der wertvollsten Preziosensammlungen der Welt präsentiert – die Schätze der Burgunder zum Beispiel, des Ordens vom Goldenen Vlies und die Insignien des Heiligen Römischen Reiches mit Reichskrone, Zepter, Lehensschwert und den so genannten unveräußerlichen Erbstücken der Habsburger. In der Silberkammer vermitteln der fast 30 Meter lange «Mailänder Tafelaufsatz» und ein vielhundertteiliges Prunkservice für 140 Personen eine Vorstellung von der extrem opulenten Tafelkultur, und die angrenzenden Kaiserappartements zeugen vom nicht minder luxuriösen Wohnstil am hiesigen Hof. Und vollends den Atem raubt dem Besucher schließlich der Anblick des Allerheiligsten der Nationalbibliothek – ihrem Prunksaal. Was Johann Bernhard Fischer von Erlach und sein Sohn Joseph Emanuel hier in der ersten Hälfte des 18. Jahrhunderts an barocker Pracht schufen und Daniel Gran mit einem schwelgerischen Deckengemälde krönte, gilt wohl nicht zu Unrecht als beeindruckendster Bibliotheksraum der Welt und verdiente in jedem Reiseführer alleine schon einen Drei-Sterne-Superlativ und den Vermerk «die Reise wert».

Bilder Seiten 86 und 87 oben, 88, 89 und Doppelseite 90/91
- *Details aus der Silberkammer in der Hofburg*
- *Michaelerplatz mit dem gleichnamigen Tor. Ein kleiner Teil des weitläufigen Kellerlabyrinths unter der Hofburg*
- *Gesten, Blicke und Töne von der Dachlandschaft im zentralen Bereich der Hofburg*
- *Prunksaal der Nationalbibliothek, errichtet nach Plänen von J. B. und J. E. Fischer von Erlach in den Jahren 1723–37*

terra magica

terra magica

terra magica

Die Ringstraße: Boulevard einer Weltstadt

Den Anstoß gab der Fall der Mauer. Nicht der von Berlin freilich, sondern gut 130 Jahre zuvor jener zu Wien. Es war die stürmische Entwicklung der modernen Militärtechnik gewesen, die den steinernen, aus der Renaissancezeit stammenden Festungsgürtel rund um die Altstadt überflüssig gemacht hatte. Also verfügte der junge Kaiser Franz Joseph anno 1857 den Abriss sämtlicher Basteien. Was ihm wohl umso leichter fiel, da sich im Revolutionsjahr 1848 die unbotmäßigen Bürger erdreistet hatten, diese Ziegelwälle zum Widerstand gegen die missliebige Obrigkeit zu verwenden.

Ergo wurde der Mauerring demoliert (Johann Strauß komponierte anlassgerecht eine «Demoliererpolka»), und an seiner statt entstand eine prunkvolle, von repräsentativen Gebäuden flankierte Alleestraße, an die sich zum Saum der Vorstädte hin, auf dem Gelände des bisherigen Glacis, in breitem, rechtwinkeligem Raster private Miet- und Bürohäuser anschlossen. Die Erlöse aus diesen Grundstücksverkäufen ermöglichten die Errichtung jener monumentalen Kunst- und Verwaltungsbauten, die der Wiener Innenstadt seither ihr imperiales Gepräge verleihen und in ihrer Gesamtheit als Meisterleistung des Historismus Weltarchitekturgeschichte schrieben.

Nach nur siebenjähriger Bauzeit war es dann am 1. Mai 1865 soweit: Der «Ring», ein vier Kilometer langer, 57 Meter breiter, hauptsächlich von Platanen gesäumter Boulevard, der den Stadtkern polygonartig umschließt, wurde eröffnet. Seine Bestimmung: ein Wahrzeichen der Macht der Reichshaupt- und Residenzstadt, des Zentrums eines Fünfzigmillionen-Reiches zu werden.

Dem Defilee der Ringstraßenarchitektur die Parade abzunehmen, gilt unter Wien-Besuchern bis heute zu Recht als Muss. Freilich sollte man den Rundgang aus dramaturgischen Gründen, um das Staunen gegen Ende hin Schritt um Schritt immer weiter zu steigern, im Uhrzeigersinn unternehmen, also nahe dem östlichsten Punkt der Altstadt beginnen.

Dort, unweit der Urania, eines von einer Sternwarte bekrönten Volksbildungshauses, zu dessen Füßen die Wien in den Donaukanal mündet, präsentiert sich die Ringstraße von ihrer modernsten Seite: Das Postsparkassenamt gilt als Meisterleistung des großen Neuerers Otto Wagner und zugleich als ein Hauptwerk des durch streng kubische Formen und kompromisslose Sachlichkeit charakterisierten Stils der Secession. Sehenswert an dem einen Häuserblock zurückversetzten Bau ist nicht bloß seine mit Marmor und Granitplatten verkleidete, mit Aluminiumbolzen vernietete und von zwei metallenen Schutzengeln bekrönte Fassade. Auch der glasüberdachte Kassensaal mit seiner bis ins kleinste Detail perfekt gestalteten Inneneinrichtung, die übrigens ebenfalls von Wagner stammt, lohnt eingehende Betrachtung. Stilistisch vergleichsweise konventionell mutet der riesige, neobarocke Gebäudekomplex an, der die Ostseite des Stubenrings dominiert. Ursprünglich beherbergte er das Reichskriegsministerium, wovon die martialischen Giebelreliefs und das bronzene Reiterstandbild Feldmarschall Radetzkys weithin zeugen. Mittlerweile sind in ihm mehrere Zivilbehörden untergebracht.

Ein Stück weiter westlich gibt sich der Stubenring deutlich musischer: Die Hochschule für angewandte Kunst und

Bilder rechts und nächste beiden Doppelseiten
* **Otto Wagners Haus der Postsparkasse, erbaut 1904–06**
* **Der 1865–67 erbaute Kursalon im Stadtpark**
* **Kuppel-Innen- und -Außenansicht der barocken Karlskirche, errichtet ab 1713 nach Plänen von Vater und Sohn Fischer von Erlach.**
Der Otto Wagner'sche Jugendstil-Pavillon Karlsplatz der Wiener Stadtbahn, links davon das Konzertgebäude des Wiener Musikvereins

terra magica

terra magica

das zugehörige Museum, beide von Heinrich von Ferstel konzipiert und aus rötlichem Backstein erbaut, erinnern mit ihrem Terrakottaschmuck, den Majolikamedaillons und Sgraffitomalereien an italienische Vorbilder aus der Renaissance. Es folgt der ungefähr 600 Meter lange, kerzengerade Parkring, zu dessen Rechter gleich zwei Hotels der luxuriösen Art das – in einem Fall ziemlich amerikanisierte – Flair gehobener Gastlichkeit versprühen. Vis-à-vis aber lädt eine grüne Insel zum Atemholen und Flanieren: der im englischen Landschaftsstil gestaltete, 1862 eröffnete Stadtpark – die großflächigste innerstädtische Gartenanlage.

Seine mäandrierenden Spazierwege sind nicht nur von allerlei im Spätfrühling herrlich bunt blühenden botanischen Raritäten gesäumt, sondern auch von zahlreichen Standbildern und Büsten; unter ihnen die zu Ehren Franz Schuberts, Anton Bruckners, des Historienmalers Hans Makart sowie, in Gold getaucht, von Abermillionen Schnappschusskameras abgelichtet und von Wiens Tourismuswerbern klischeegerecht auf Prospekten und Postern vervielfältigt, des Walzerkönigs Johann Strauß Sohn.

Die Staatsoper und der Museums-Zwilling

Noch zwei Edelherbergen säumen den Weg – an der Ecke zum Schwarzenbergplatz das Hotel Imperial, in dem regelmäßig offizielle Gäste der Republik und repräsentationsbedürftige Berühmtheiten aller Provenienzen logieren, sowie, schräg gegenüber, das Grand Hotel, an dessen Seite die Ringstraßengalerien mit Dutzenden Boutiquen zum gepflegten Indoor-Shoppingbummel animieren. Dann

Bilder rechts, nächste Doppelseite und Seiten 102, 103
- **Innenraum der von Eduard van der Nüll und August von Siccardsburg entworfenen Staatsoper**
- **Hauptfassade, Requisitenkeller und hydraulisches Bühnenwerk der Staatsoper**
- **Logen im Zuschauerraum der Staatsoper**
- **Restaurant im Palmenhaus im Burggarten**

terra magica

terra magica

aber wartet, wo die Kärnter Straße den Ringabschnitt gleichen Namens kreuzt, die erste echte Fünfstern-Sehenswürdigkeit: die Staatsoper. Bibliotheken sind gefüllt worden mit Abhandlungen über die musiktheatralischen Meilensteine, die auf ihrer Bühne und im Orchestergraben gesetzt worden sind, und über ihren Symbolgehalt als ein Nabel der wienerischen Musikkultur.

August von Siccardsburg und Eduard van der Nüll, die beiden Architekten des romantisch-historisierenden Baus mit seiner charakteristischen Loggien-Front, waren nach der Eröffnung 1869 noch so heftiger Kritik ausgesetzt, dass Ersterer wenig später einem Herzinfarkt erlag und Letzterer sogar in den Freitod ging. Die künstlerische Qualität der Aufführungen hingegen war im Wesentlichen von Anfang an unbestritten. Kein Wunder, zählten doch zu den Direktoren des Hauses (das übrigens als erster Monumentalbau der Ringstraßenzone fertig gestellt war) Größen wie Gustav Mahler, Richard Strauss, Wilhelm Furtwängler, Karl Böhm und Herbert von Karajan. Außerdem fungieren bis zum heutigen Tag als Hausorchester die weltberühmten Wiener Philharmoniker.

Setzt man den Weg entlang dem Opernring fort, erweist man zur Rechten zuerst dem aus Stein geformten Geheimrat Goethe, dann, am Eingang zum Burggarten, Meister Mozart die Reverenz. Nach dem nahen Straßenknick schließlich betritt man den Burgring – einen der aufregendsten Abschnitte dieser an Attraktionen so überreichen Prachtstraße. Rechterhand weist das von goldenen Prunkgittern eingefasste Äußere Burgtor den Weg auf den Heldenplatz, dessen

Bilder rechts und nächste drei Doppelseiten
- **Maria-Theresien-Denkmal und Teil der Fassade des Museumsquartiers**
- **Hinteransicht des Kunsthistorischen Museums**
- **Das von Theophil Hansen entworfene Parlament mit dem Pallas-Athene-Brunnen. Mahnende Weise auf dem Dach der südlichen Seite des Parlaments**
- **Das neogotische Neue Rathaus (Friedrich Schmidt, 1872–83) zur Winterszeit**

terra magica

terra magica

terra magica

Panorama insbesondere abends, wenn das kolossale Halbrund der Neuen Burg im festlichen Scheinwerferlicht erstrahlt, einen unvergesslichen Eindruck hinterlässt. Linkerhand öffnet sich der Blick auf die beiden Museen und an der zwischen ihnen thronenden «Kaiserin assoluta», der bronzenen Maria Theresia, vorbei zu den ehemaligen Hofstallungen, dem heutigen Museumsquartier.

Die Schätze der beiden von Gottfried Semper und Carl von Hasenauer entworfenen, ehemaligen Hofmuseen auch nur halbwegs gebührlich zu beschreiben, würde den hier verfügbaren Rahmen sprengen. Nur so viel: In der Gemäldegalerie des «Kunsthistorischen» hängen einander Hauptwerke von Breughel, Rubens, Rembrandt, Dürer und Raffael, von Tizian, Tintoretto, Veronese, Caravaggio, Velázquez und zahlreichen anderen Meistern geradezu im Weg. Dazu kommen die üppig bestückte ägyptisch-orientalische und eine Antikensammlung, das Münzkabinett sowie die Kunstkammer mit ihren kostbaren Goldschmiede-, Steinschneide- und Elfenbeinarbeiten. Kaum minder reichhaltig, wenngleich viel unbekannter sind die Bestände des «Naturhistorischen», zu denen neben seltenen Meteoriten, Fossilien, Skeletten, Tier- und Pflanzenarten unter anderem immerhin auch das 13 000-bändige «Wiener Herbarium» mit seinen rund zweieinhalb Millionen botanischen Exemplaren sowie eine der ältesten Plastiken der Welt, die altsteinzeitliche Venusstatuette von Willendorf, zählen.

Vom Parlament zur Universität, vom Burgtheater zur Börse

Nach der nächsten Rechtskurve betritt man jene Teilstrecke, entlang der das freisinnige Bürgertum seine politische Emanzipation eindrucksvoll zur Schau stellte. Theophil Hansens Parlament – in seinen klassisch-antikisierenden Formen und mit dem Pallas-Athene-Brunnen vor der elegant geschwungenen Rampe an die Ideale der griechischen Demokratie gemahnend; Friedrich Schmidts Rathaus – neogotisch in Erinnerung an Wiens einstigen Status als freie mittelalterliche Kommune und seit Generationen fest in sozialdemokratischer Hand; und Heinrich Ferstels Universität – Heimstatt der ältesten Hochschule des deutschsprachigen Raumes, Hort aufgeklärten Denkens und dementsprechend in den Formen der italienischen Renaissance gestaltet.

Gegenüber verströmt der Volksgarten vom Frühling bis zum Frühherbst den betörenden Duft seines Rosengartens. Das Burgtheater übt – meist mit Erfolg – den Spagat zwischen der traditionsbewussten Pflege deutscher Sprach- und Darstellerkunst und dem publicityträchtigen Aufspüren zeitgenössischer Bühnentendenzen. Während im benachbarten Renommiercafé Landtmann von Journalisten, Politikern und betuchten Pensionisten tagaus, tagein eine Melange aus Tratsch, Schlagzeilen und Wahlkampagnen angerührt wird.

Nebenan hat sich mit der Mölker Bastei ein winziger Rest der alten Stadtmauer ins 21. Jahrhundert herübergerettet. Und um die Ecke, in der Schreyvogelgasse, steht das so genannte Dreimäderlhaus, hinter dessen putziger Biedermeierfassade, glaubt man der gleichnamigen Operette, Franz Schubert seine angebliche Romanze mit drei hier wohnhaften «Mäderln» durchlebte.

Wo die Ringstraße in die Zielgerade abbiegt, einen knappen Kilometer vor dem Donaukanal, reckt linkerhand ihr einziger Sakralbau seine Doppeltürme in den Himmel. Auf den ersten Blick mutet die Votivkirche mit ihrer Fensterrose und dem filigranen Sandsteindekor wie eine Schöpfung der französischen Kathedralgotik an. Doch wurde sie vom Meister des Historismus, Heinrich Ferstel, entworfen und erst 1879 – anlässlich der Silberhochzeit von Franz Joseph und

Bilder rechts und nächste Doppelseite
• **Hauptfassade des von Gottfried Semper und Carl Hasenauer entworfenen Burgtheaters am Dr. Karl-Lueger-Ring. Theseustempel im Volksgarten, links im Hintergrund die Minoritenkirche**
• **Die 1865–69 erbaute Rossauer Kaserne, vom Deutschmeisterplatz aus gesehen. Fassaden eines typischen Ringstraßenpalais', nahe dem Schottentor**

terra magica

Forellenquintett im Quartett? Im so genannten Dreimäderlhaus auf der Mölker Bastei sollen Franz Schubert und seine drei mitwohnenden Verehrerinnen zur Abwechslung auch Musik gemacht haben ...

Sisi – eingeweiht, ist also neogotisch. Der weite Platz zu ihren Füßen ist übrigens nach dem Vater der Psychoanalyse, Sigmund Freud, benannt, der seinerzeit nur wenige Schritte von hier, in der Berggasse, seine legendäre Praxis betrieb.

Auf ihrem neunten, dem letzten Abschnitt stellt sich die Ringstraße vergleichsweise unspektakulär dar. Das Polizeihauptquartier – ein gesichtsloser Verwaltungsklotz aus den 1960er-Jahren, ein Fünfsternehotel mit gefälschten Jugendstilanklängen; vis-à-vis ein letztes architekturgeschichtliches Highlight: Theophil Hansens ziegelrotes Börsengebäude ...

Den Schlusspunkt setzt an der Ecke zum Franz-Josefs-Kai der so genannte Ringturm.

Der in der frühen Nachkriegszeit errichtete Versicherungsturm ist zwar stolze 23 Stockwerke hoch, sein Äußeres stellt sich jedoch in kaum überbietbarer Schnödigkeit dar. Sein Nutzen für die Allgemeinheit ist freilich unbestritten: signalisiert doch auf seinem Dach ein zwanzig Meter hoher Leuchtturm den Wienern mittels farbiger Lichter Tag für Tag die Wetterlage für die kommenden vierundzwanzig Stunden.

terra magica

Der Nabel Wiens: die Innere Stadt

Die jungen Damen in ihren eng anliegenden grauen Röcken haben alle Hände voll zu tun. Ein Hummer? Ein Chablis! Wo bleibt die Mousse? Eine Quittung mit Stempel, bitte ... Das Barometer steht auf dezente Hektik. Attila Dogudan, der smarte Chef, achtet aus dem Hintergrund mit zufriedenem Lächeln darauf, dass der Betrieb reibungslos läuft. Seit er, der mittlerweile börsennotierte Star unter den ansässigen Gastronomen, hier im siebten Stock des Haas-Hauses Anfang der neunziger Jahre seinen Gourmet-Treff Do & Co eröffnet hat, kann er über mangelnde Publicity noch weniger klagen als früher, wo er hauptsächlich als Caterer von Niki Laudas Airline in den Medien stand.

Sein Lokal ist einer der urbansten Orte in der Stadt, ein Lieblingstreff der schicken Business People für einen gediegenen Brunch. Vor seinen Panoramascheiben liegen die sinnlichen Dachlandschaften der Stadtpalais – grünspanige Kuppeln, gläserne Pavillons und üppige Firstengel aus der Gründerzeit. Eine Etage tiefer, vom Kaffeehaus im transparenten Erker, scheint Wiens Wahrzeichen, der Stephansdom vis-à-vis, zum Greifen nah. Vor der futuristischen Fassade des Haas-Hauses ballen sich Touristen, vornehmlich aus Italien und Japan, und knipsen wie wild. Die getönten Spiegelgläser reflektieren die ziselierten Türmchen und Bögen des «Steffl» denn auch wirklich zu schön.

Der Reiz der Kontraste: Haas-Haus, Steffl und k&k-Geschäfte

Diese Begeisterung der Pocketkameralisten haben die Wiener anfänglich nicht geteilt: Das Haus, dieser «mutige Akt gegen die Geschichtstrunkenheit der Stadt mit ihrer Jugendstil-Klebeornamentik» (wie die Tageszeitung «Der Standard» bei seiner Eröffnung 1990 schrieb), wurde vom Mann auf der Straße erwartungsgemäß benörgelt. Der nichts sagende Vorgänger-Bau, den man in den fünfziger Jahren auf den zerbombten Eckplatz gestellt hatte, war wenigstens nicht aufgefallen, hatte das traditionelle Bedürfnis nach Harmonie nicht enttäuscht.

Was Hans Hollein, der in seiner Heimatstadt lange Jahre verkannte und erst ab den 1990ern vermehrt beschäftigte Stararchitekt, stattdessen hingebaut hatte, empfand man als Ketzerei. Daran konnten auch die verspielten Formen im Atrium wenig ändern, dieses postmoderne «Bühnenbild des Konsums» mit all seinen engen Treppchen und Brückchen, bonbonfarbenen Nischen und Kapitellen. Inzwischen hat die Zeit das Urteil gelindert, sind die Einheimischen stolz auf ihre Modernität.

Eine völlig gegensätzliche Atmosphäre umhüllt den Touristen, wenn er, wenige Schritte entfernt, den gotischen Dom zum heiligen Stephan betritt. Das Eingangsportal, genannt Riesentor, stammt aus der Romanik, der ersten Bauphase. Der Innenraum jedoch verströmt die für das 14. Jahrhundert typische weihevolle Düsternis. Mancher Besucher wird sich damit begnügen, die gedämpfte, spirituelle Atmosphäre aufzusaugen, die so herrlich mit dem Alltagsgetriebe draußen in den Gassen kontrastiert.

Doch sollte man zumindest einigen der kostbaren Kunstschätze die Reverenz erweisen, die der aus 20 000 Kubikmeter langsam vor sich hinbröselndem Sandstein errichtete Bau beherbergt – die vom Meistersteinmetz Anton Pilgram

Bilder nächste beiden Doppelseiten
- ***Das Anfang der Neunziger Jahre von Hans Hollein vis-à-vis dem Stephansdom errichtete Haas-Haus – ein postmoderner Konsumtempel***
- ***Wiens gotisches Wahrzeichen – der Stephansdom – in verschiedenen Farben und Perspektiven. Mit auf dem Bild rechts der nadelförmige Turm der Michaelerkirche***

terra magica

terra magica

terra magica

terra magica

um 1515 geschaffene, figurenreiche Kanzel zum Beispiel, den gotischen Wiener Neustädter Altar, das Hochgrab Kaiser Friedrich III. oder das Grabmal Prinz Eugens. Ergänzend zu diesem Rundgang empfiehlt sich, in die – fälschlich als «Katakomben» bezeichneten – Gruftanlagen hinabzusteigen. Immerhin lagern dort unten teils die Eingeweide, teils die gesamten Gebeine von Dutzenden Mitgliedern der habsburgischen Herrscherfamilie.

Um hingegen zu erkennen, wie regelmäßig die Stadt einst in konzentrischen Kreisen um ihren geistigen Mittelpunkt gewachsen ist, sollte man zur so genannten Türmerstube im Südturm hochsteigen. Dieser ist mit 136,7 Metern der dritthöchste Kirchturm des Kontinents. Als dementsprechend muskelstrapazierend erweist sich der Aufstieg über seine 343 Stufen. Dafür bleibt das Panorama, das man von oben über die Dachlandschaft und das gesamte Wiener Becken genießt, unvergesslich.

Hat man sich, wieder unten beziehungsweise draußen, auf dem Stephansplatz durch die Rudel Fotos schießender Reisegruppen gekämpft, liegt vor einem die Fußgängerzone des Grabens. Hier und am angrenzenden Kohlmarkt findet man noch stattliche Reste jener kaiserlich-königlichen Noblesse, mit der die ehemalige Habsburgerresidenz so gerne um ausländische Gäste wirbt. Denn wer glaubt, das Niederreißen der Stadtmauern zur Mitte des vorvorigen Jahrhunderts habe der Elegance den Weg in die Außenbezirke geebnet, verwechselt den demokratischen Wunsch mit der Wirklichkeit.

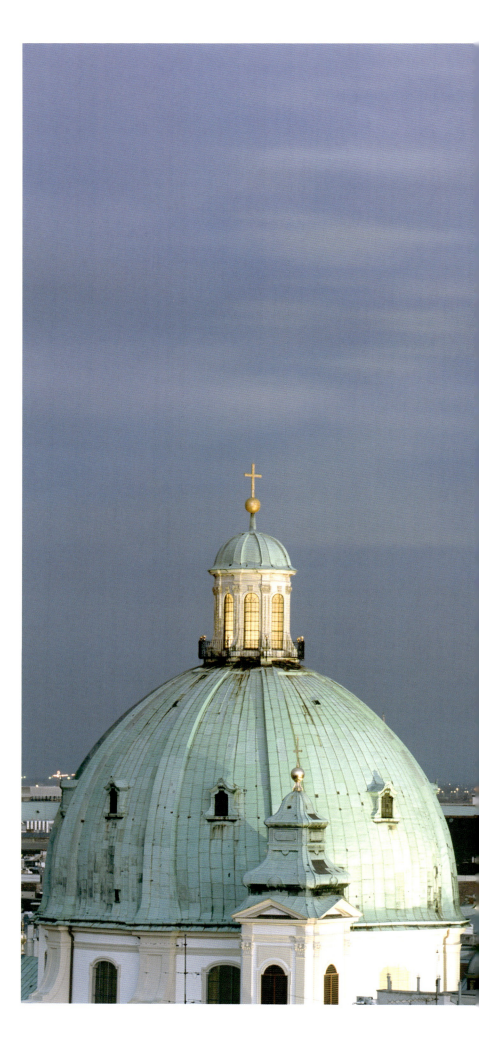

Bilder rechts und nächste drei Doppelseiten
- **Klassisches Innenstadtpanorama: der Stephansdom und im Vordergrund die Barockkuppel der Peterskirche**
- **Griechisch-orthodoxe Kirche auf dem Fleischmarkt. Wiens ältestes Gotteshaus: die romanische Ruprechtskirche aus dem 13. Jahrhundert. Die hochbarocke Peterskirche am Graben**
- **Palais Ferstel: Innenhof und Einkaufspassage. Schottenkirche auf der Freyung**
- **Palais Kinsky auf der Freyung, das heute ein angesehenes Auktionshaus beherbergt**

terra magica

terra magica

terra magica

terra magica

terra magica

Die Ringstraße ist – in konsumistischer Hinsicht – eine kaum leichter zu überwindende Trennlinie zwischen der noblen Innen- und der «unfeinen» Vorstadt als der einstige Steinwall. Zwar befördert die U-Bahn mittlerweile unterirdisch die republikanische Denkungsart bis zum aristokratischen Stadtkern, und die Touristenmassen mischen das soziale Gefüge zusätzlich durch. Doch in vielen alteingesessenen Läden verströmt das Verkaufspersonal immer noch schönbrunnerisch-nasale Töne, und die Höhe, aus der herab es mancherorts den Kunden begegnet, korrespondiert oft mit der, in der sich die Preise bewegen. Daran ändert auch die Tatsache nichts, dass der Titel «Hof»- oder gar «Kammerlieferant», einst Beweis, dass Kaiser und Gefolge hier kauften, längst zum nostalgischen Beiwerk am Firmenschild verkommen ist und die umsatzfördernde blaublütige Kundschaft aus den Kronländern der Monarchie schon vor vielen Jahrzehnten verloren ging.

Allerdings: Was im ersten Moment wie ein sonderbarer Anachronismus wirkt, ist bei näherer Betrachtung der Garant dafür, dass eine Shoppingtour durch das historische Herz

Bilder rechts und nächste drei Doppelseiten
• **Die Griechengasse mit dem gleichnamigen Beisl. Ein mittelalterlicher Hinterhof nahe dem Fleischmarkt**
• Bank und teilweise zu einer Galerie umfunktioniert: **Hochholzerhof auf der Tuchlauben** (links und Mitte oben). **Brunnen, Ecke Brandstätte/Tuchlauben. Blick von der Tuchlauben Richtung Seitzergasse und auf die Hinterseite der Kirche «Zu den neun Chören der Engel»**
• **Alte Bürohäuser auf der Tuchlauben. Häuserfront Ecke Wipplinger Straße/Tiefer Graben. Revitalisiertes Viertel in der Domgasse, hinter dem Stephansdom. Gourmettempel am unteren Ende der Wollzeile. Judenplatz mit dem im Jahr 2000 errichteten Holocaust-Denkmal. Freiluftlokal auf dem Morzinplatz neben der Ruprechtskirche**
• **Das traditionsreiche Teegeschäft Schönbichler** (2 Bilder). **Porzellan-Laden Wahliss, Auslage der Maßschuh-Werkstätte Scheer und Verkaufsraum beim Kristallluster-Erzeuger Lobmeyr**

terra magica

terra magica

terra magica

terra magica

terra magica

von Wien zur genüsslichen Reise in eine Zeit wird, in der das Einkaufen nicht bloß schnöder Tausch von Geld gegen Ware, sondern noch Ausdruck vornehm verzierter Lebensfreude war. Eine dieser elitären Inseln im Strom der wechselnden Moden ist «der Braun» am Graben. Schlanke Messingbuchstaben künden auf den gewölbten Scheiben seines Eingangsportals noch heute von der einstigen, weltweiten Verbreitung hiesiger Exklusivität: In London und New York, Berlin und Kairo, Southampton, Palm Beach und Karlsbad hatte das Familienimperium in den zwanziger und dreißiger Jahren seinen kleinen, aber feinen Kundenkreis ausgestattet. Das globale Netz von Niederlassungen ist zwar mittlerweile längst zerrissen und auch das dreistöckige Stammhaus in die Hände eines internationalen Handelskonzerns übergegangen. Doch harren in den Intarsienkästen, unter Jugendstil-Lampen und in den wöchentlich neu gestalteten Auslagen nach wie vor erlesene Schuhe und Tücher, Mäntel und Kleider, Dessous, Nippes und Accessoires, mit dem Signum «Braun & Co» versehen, stilbewusster Kunden.

Aus welchem Stoff die Träume sind, die den Freund feiner Gewebe nächtens plagen, weiß man auch im Tuchgeschäft Jungmann & Neffe. Kostbare Seiden, Mohair- und Kaschmirwollen ballen sich dort, um die Ecke des Hotel Sacher, in den Regalen. Bis zur hohen Decke der holzgetäfelten Lokalität türmt sich die exklusive Importware aus Schottland und Italien. Aus der Düsternis des Raumes scheint die Zeit so ausgesperrt, wie jeglicher schrille Trend, unvergangen seit der Gründung vor über 135 Jahren.

Ein ähnlich konservativer Geist durchweht die Schuhmanufaktur Scheer. Erkundigt man sich in dem Geschäft in der Bräunerstraße nach dessen Vergangenheit, wird man zu einer hohen, alten Vitrine geführt. Darin reihen sich Dutzende Leisten, auf deren Holz eingravierte Namenszüge bezeugen, wes edle Füße von Scheers Ahnen mit kostbarem Leder umhüllt werden durften. Blaublütigen Maßschuhfetischisten aller Provenienzen verhilft das Geschick der Meister seit nunmehr fünf Generationen zu lebenslanger Trittsicherheit. Die Sorgfalt bei der Herstellung eines Paares ist heute kaum geringer als damals: Für jeden neuen Kunden fertigt der Meister einen Probeschuh an, auf dem er die Fußknochen einzeichnet. Alle fünf Jahre wird neu vermessen: verändertes Körpergewicht bittet er zwischendurch brieflich bekannt zu geben. Solch extremer Anspruch und dreißig Arbeitsstunden schrauben den Preis in ungewöhnliche Höhen. Unterbeschäftigt ist dennoch keiner der acht Arbeiter in Scheers Werkstatt – im Gegenteil.

Um seine Auftragslage sorgen braucht sich auch Kommerzialrat Schönbichler nicht: In seinem 1870 gegründeten Tee- und Spirituosengeschäft in der Wollzeile findet jede der 130 offerierten Teesorten ihren kennerhaften Liebhaber. Stammkunden, die sich mit dem Angebot nicht begnügen, bekommen vor ihren Augen eine Spezialmischung erstellt. Findet diese persönliche Kreation großen Anklang, wird sie in Schönbichlers Standardsortiment aufgenommen. Zur Ehre ihres Schöpfers trägt sie im 25-seitigen Geschmackskatalog ab da dessen Name.

Fast endlos ließe sich die Liste der herrlich zeitlos-eleganten Läden fortsetzen – vom Lüster- und Glaswarenerzeuger Lobmeyr bis zum Verkaufsraum der legendären Porzellanmanufaktur Augarten (beide am Beginn der Kärntner Straße), vom Knopfkönig Frimmel (Freisingerstraße) über die wahrlich feenhafte Zauberklingl (Führichgasse), den winkeligen Laden von Maria Stransky, der Königin der Petit-Point-Stickerei (in der Hofburg-Passage), bis zu den altehrwürdigen Platzhirschen unter den Antiquaren wie Deuticke (Helfers-

Bilder rechts und nächste vier Seiten
- **Tuchgeschäft Jungmann & Neffe im Komplex des Hotel Sacher. Knopfladen Frimmel in der Freisingergasse**
- **Gassen um das Fleischmakt-Viertel**
- **Das ehemalige Bürgerliche Zeughaus – heute Hauptfeuerwache – beim Platz Am Hof**
- **Dachaufbau des Palais Equitable am Stock-im-Eisen-Platz. Franziskanerplatz mit dem Kleinem Café**
- **Die 1911 nach Plänen des Malers Franz Matsch erbaute Ankeruhr auf dem Hohen Markt. Fassadendetail des Palais Breuner in der Singerstraße. Die Figlmüller-Passage zwischen Bäckerstraße und Wollzeile. Innenhof an der Bäckerstraße**

terra magica

torferstraße), Gilhofer (Bognergasse) oder Nebehay (Annagasse).

Nicht zu vergessen, das so genannte Antiquitätenviertel zwischen Hofburg und Stephansdom, wo gut zwei Dutzend Läden vom gotischen Engel über den Art-déco-Schrank bis zum erschwinglichen Mitbringsel aus zweiter Hand ein reiches Sortiment bereithalten. Als einzigartig erweist sich das mitten in diesem Gassengeviert in einem prachtvollen Palais untergebrachte Dorotheum: Wiens über 200 Jahre altes Pfandleihhaus, in dem Sammler und Kunstliebhaber im Rahmen der häufigen Auktionen, aber auch direkt im Freiverkauf wie im Geschäft, alle nur erdenklichen Erinnerungsstücke – Möbel, Teppiche, Porzellan, Münzen, Bücher, Briefmarken, Waffen, Schmuck, Spielzeug, diverse Kuriositäten, vor allem jedoch bildende Kunst aller Preis- und Qualitätsklassen – erstehen können.

Freilich begegnet man im ersten Bezirk, diesem Reservat des Luxus und der Moden, vielerorts sehr wohl auch der Gegenwart: Die Portale des Juweliers Schullin und des Kerzengeschäfts Retti – beides Frühwerke von Stararchitekt Hans Hollein und auf dem Kohlmarkt zu finden – gelten als Meilensteine der Nachkriegsavantgarde. Auch klingende Namen der Luxusbranchen, Gucci, Chanel, Cartier, Armani, Louis Vuitton und Co., haben sich in jüngster Zeit entlang dem Kohlmark und in dessen Seitengassen angesiedelt. Gleich ein ganzes Sortiment zeitgemäßer Boutiquen beherbergen die Ringstraßen-Galerien – eine Edelpassage aus Glas und Marmor entlang dem Kärntner Ring zwischen Staatsoper und Hotel Imperial.

Eine ganz besondere Adresse ist am Kohlmarkt «der Demel». Nicht nur, weil es in diesem Schmuckschachterl von Café die besten Törtchen und Petits Fours der Innenstadt gibt und bekanntlich die süßesten Mädel hinter der Theke stehen, sondern weil die zugehörigen Räume im ersten Stock die Keimzelle für einen Skandal bildeten, der die Zweite Republik in den achtziger Jahren gewaltig erschüttert hat. Dort oben logierte der legendäre Club 45, wo die Spitzen der rotweißroten Sozialdemokratie ein und aus gingen und sich mit einem gewissen Udo Proksch verbrüderten. Dieser, lange Jahre Besitzer der darunter gelegenen k. u. k. Hofzuckerbäckerei und Enfant terrible der Adabei-Szene, war Symbol für die Korruptheit eines beträchtlichen Teils der Wiener Politnomenklatura. Er wurde später wegen massiven Versicherungsbetruges und Mordes verurteilt und ist inzwischen im Gefängnis verstorben. Die Freundschaft mit ihm kostete seinerzeit mehrere Minister ihr Amt.

Skandale sind in diesem Viertel nahe der Hofburg nichts Ungewohntes: Um die Ecke, am Michaelerplatz, gab es bereits knapp nach der Jahrhundertwende kapitale Aufregung. Adolf Loos, strikter Verfechter ornamentloser Architektur, hatte im Auftrag der Firma Goldman & Salatsch ein Geschäftshaus von atemberaubender Neuartigkeit errichtet – eine provokante Absage an die Simse und Schnörkel des Ringstraßenstils. Die Häme der Wiener ergoss sich über ihn und sein, wie sie es nannten, «Haus ohne Augenbrauen». Vor einigen Jahren hat eine Großbank diesen Meilenstein moderner Baukunst originalgetreu bis ins Detail renovieren lassen. Die elegante Fassade aus Marmor und das holzgetäfelte Foyer sind eine Augenweide. Eine Gedenktafel für die jüdischen Bauherren dieses ehemaligen Herrenmodehauses, die mit ihrer Fortschrittlichkeit damals ihre Existenz riskierten, sucht man allerdings vergeblich.

Den leisen Ärger über ein solches Versäumnis spült man am besten schräg gegenüber, im Café Griensteidl, mit einer Melange herunter. Dieser Ort war, wie auch das fünf Gehminuten entfernte Café Central, in den späten Jahren der Monarchie und auch noch den frühen der Ersten Republik ein Kristallisationspunkt der Kaffeehausliteratur, ja der europäischen Geistesgeschichte überhaupt. Von solch geballter

Bilder rechts und nächste beiden Doppelseiten
- **Reste einer römischen Hausanlage auf dem Michaelerplatz**
- **Häuserfront am Graben, gesehen vom Stephansplatz. Innenhof mit Pawlatschengängen an der Habsburgergasse. Weihnachsdekoration auf dem Graben, im Hintergrund die Pestsäule. Eckhaus Habsburgergasse/Graben**
- **Im Dorotheum – Wiens weltberühmtem Pfandleih- und Auktionshaus**

terra magica

terra magica

terra magica

terra magica

Schöpferkraft kann zu Beginn des 21. Jahrhunderts keine Rede mehr sein. Auf den plüschigen Bänken des lange Zeit geschlossenen, erst 1990 wieder eröffneten Lokals basteln gelegentlich Journalisten an ihren Artikeln. Die meisten arbeiten um die Ecke in der Redaktion der jungen, liberalen Tageszeitung «Der Standard».

Vom Römerbordell durch das Bermudadreieck ins Blutgassen-Viertel

Durch die Fenster des Griensteidl hat man direkten Blick in das Innerste eines Bordells. Oder besser: auf das, was nach 2000 Jahren von einem solchen übrig bleibt. Als vor einiger Zeit die Renovierung der benachbarten Hofburg vollendet war und man daran ging, den Michaelerplatz neu zu pflastern, stießen die Arbeiter auf antike Mauern. Archäologen deuteten sie als Reste eines römischen Freudenhauses und nahmen die Baugrube in Beschlag. Pragmatische Geister forderten anfangs, den Platz einfach wieder zuzuschütten. Doch inzwischen hat man sich entschlossen, die Stätte auf Dauer sichtbar zu belassen und sie fachgerecht konserviert – auf dass Einheimische wie Gäste die unverhofft sichtbar gewordenen seelischen (Un-)Tiefen der Stadt stets vor Augen haben.

Wiens tiefe, nämlich römische Vergangenheit lässt sich auch fünf Gehminuten entfernt auf dem Hohen Markt erkunden. Unter dem Pflaster dieses frühmittelalterlichen Platzes, auf dem sich einst der Kotter, der Pranger und das städtische Gerichtsgebäude befanden, hat man Mauerreste des Legionslagers Vindobona entdeckt. Fragmente einstiger Offiziersunterkünfte lassen sich unter Tag besichtigen. Gut tausend Jahre jünger ist das winzige, dem heiligen Ruprecht geweihte Kirchlein. Eines der raren Relikte aus der Romanik und ohne Zweifel das älteste Gotteshaus der Stadt. Ihm zu

Bilder rechts
Eng dafür hoch: im revitalisierten Blutgassen-Viertel unweit des Stephansdoms

Im Café Hawelka, dem legendären Bohemiens-Treff in der Dorotheergasse

Füßen, auf dem Morzinplatz, stand bis 1945, als es – aus Reue und Scham? Aus dem Wunsch nach Verdrängung? Aus politischem Pragmatismus? – niedergerissen wurde, ein Haus des Schreckens: das Hauptquartier der Wiener Gestapo. In der benachbarten Seitenstettengasse steht bis heute der Haupttempel der jüdischen Gemeinde – die einzige in der Reichskristallnacht nicht völlig zerstörte Synagoge der Stadt – und übrigens ein Hauptwerk Josef Kornhäusels, Wiens einzigem klassizistischen Architekten von Rang.

Wo Wiens Juden am Sabbat beten, huldigt Wiens Szene seit den späten siebziger Jahren allabendlich dem schönen Schein. Die mittelalterlichen Gassen dieses «Grätzls», das in etwa von Rudolfs- und Schwedenplatz, Hohem Markt und Rotenturmstraße eingefasst wird, gelten als Keimzelle der damals ziemlich abrupt erwachten Bar- und Beislszene. Bermudadreieck wird dieses trendige Triangel, das an lauen Sommerabenden zu einer einzigen Freiluftbar mutiert, bis heute genannt – wohl weil allzu viele, die in seinen Bann geraten, nächtelang darin verloren gehen.

Wandert man von hier Richtung Westen, gelangt man zuerst auf den Judenplatz. Hier, vis-à-vis dem Lessing-Denkmal, errichtete die britische Künstlerin Rachel Whitebread im Jahr 2000 ein ergreifendes Holocaust-Denkmal in Form einer steinernen Bibliothek. Über eine weitere uralte Freifläche, genannt Am Hof, erreicht man die Freyung, einen von wunderschönen Adelspalais umstandenen Dreiecksplatz, wo erneut ein historischer Superlativ wartet: In dem hiesigen Schottenstift, einer Gründung des Babenberger-Herzogs Heinrich II. Jasomirgott aus dem Jahr 1155, hängt ein Altarblatt mit einer über 500 Jahre alten und somit der ältesten bildlichen Darstellung Wiens.

Auch wer vom Judenviertel alias Bermudadreieck seine Schritte ostwärts lenkt, bewegt sich auf überaus geschichtsträchtigem Boden: Fleischmarkt, Wollzeile, Bäckerstraße, Schönlatern-, Blut- oder Sonnenfelsgasse ... Das enge Labyrinth der nordöstlichen Innenstadt atmet, zum kleinen Teil noch im Zustand ungebremsten Verfalls, zum weit größeren jedoch mustergültig renoviert, in seiner Gesamtheit den leicht morbiden Geist des Mittelalters. Wobei an besonders malerischen Ecken, vor der Franziskanerkirche etwa, am Lugeck oder auf dem Laurenzerberg, zahlreiche Bars und Beisln oft bis zum frühen Morgen quicklebendige Kontrapunkte setzen.

terra magica

Von der Neuen Donau an den Donaukanal

Der Verkehr von der Reichsbrücke und der Kaisermühlen-Autobahn grollt bis herüber, und manchmal dröhnt über den Köpfen ein Jet im Anflug auf den Flughafen Schwechat, aber das Netzbrummen der Verstärkeranlage können selbst sechs Fahrspuren und ein Jumbo nicht übertönen. Der Ostbahn-Kurti nimmt den Doppler mit dem «gspritzten Weißn» zur Brust und murmelt Derbheiten ins Mikrophon. Der dickbauchige Bassist Charly Horak macht Rhythmus: zwei grad, zwei verkehrt, den guten alten Rock'n'Roll eben, und die Fans in den schwarzen Lederjacken skandieren «Kurtl, Kurtl». Sie würden durchs Feuer gehen für ihr Idol, Willy Resetarits alias Ostbahn-Kurti. Und drüben am anderen Ende der Bühne fällt einer gar bierselig auf die Knie, um den Horak Charly inbrünstig anzubeten.

Drei-, vielleicht viertausend Leute sind an diesem warmen Sommerabend auf die Donauinsel gekommen, um «Ostbahn-Kurti & die Chefpartie» zu sehen, die Platzhirsche des Wiener Mundart-Rock-'n'-Roll. Sie erwartet ein furioses, verschwitztes Konzert. Ein paar Spaziergänger, die ihren Pudel «äußerln» führen, tippen sich zwar an die Stirn wegen des «Lärms, der angeblich Musik sein soll», und ein paar Diplomaten, die hier nach Dienstschluss joggen, legen einen Zahn zu. Der Ostbahn-Kurti aber singt voller Leidenschaft von der «Stadt aus Stein», und er meint sein Wien, aus dessen Tiefen er gewachsen ist.

Die Donauinsel – eine Adria im Binnenland

Neben den Türmen der UNO-City blinkt rotäugig der Donauturm. Im Westen versinkt die Sonne hinter dem Kahlenberg, und die noch junge Wiener Skyline wächst schwarzschattig in den Himmel. Nirgendwo ist Wien so anfällig für Amerika wie hier im Nordosten, entlang der Wagramer Straße. Vor kurzem noch ist die ganze Gegend ödes Überschwemmungsgebiet gewesen, eine von Amateurkickern, Stromern und Prostituierten frequentierte Steppe voll rauer Poesie. In den 1970er Jahren wurde dann festgestellt, dass das Grundwasser in der Umgebung dramatisch sank und die Badeparadiese an der Alten Donau und in der Lobau zu verlanden drohten. Man eilte ans Reißbrett, grub die Neue Donau, ein 21 Kilometer langes Entlastungsgerinne, und baute daneben einen sechsspurigen Highway als neue Nabelschnur nach Prag und Richtung Bratislava. Als Wahrzeichen bekam Transdanubien damals den UNO-Glaspalast hingestellt – ein ypsilonförmiges, gläsernes Monstrum ohne besonderen Reiz, dessen mehrere Tausend aus aller Herren Länder nach Wien geströmte Benützer freilich der noch nahe dem Eisernen Vorhang, also am äußersten Rand der freien Welt dahindösenden Stadt einen wohltuenden Schub an Weltoffenheit und Vielsprachigkeit verpassten.

Ein Ergebnis der Grund- und Hochwasserregulierung war die Donauinsel. Über dieses mehr als 20 Kilometer lange, 200 Meter breite künstliche Eiland wurde anfänglich – wie zu erwarten – recht viel geraunzt. Inzwischen ist sie den Wienern ans Herz gewachsen. Reißbrett hin oder her: Die Hunde mögen die Rasenziegel, die Pfadfinder und die – längst eingebürgerten – Gastarbeiterfamilien aus dem ehemaligen Jugoslawien und der Türkei die betonierten Ufernischen zum Grillen, und die Fischer fischen hier frische Fische. Jeden Sommer wird diese Retortenlandschaft zu einem zentraleuropäischen Rimini.

Abertausende «Topfenneger» nehmen dann diese Binnenadria in Beschlag, fahren Tretboot, Wasserski oder Rad, surfen, joggen, skaten, spielen Streetsoccer, Fuß-, Basket-

Bilder nächste Doppelseite
Fußgängerbrücke über die Neue Donau zur Donauinsel. Badestrand für Halb- und Unbekleidete im Naturparadies Lobau. Leucht- und Donauturm im Bereich der Neuen Donau

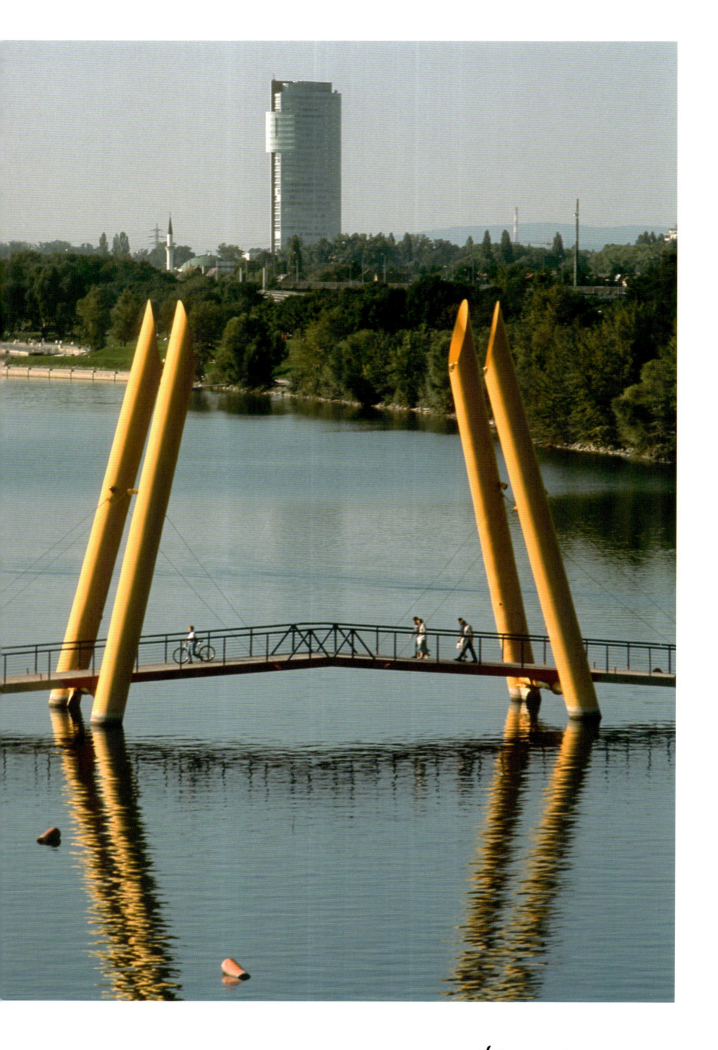

terra magica

terra magica

und Beachvolleyball, lassen sich an den schier endlosen Stränden von der Sonne rösten und Touristen wie Städteplaner vor Neid erblassen. Und nach Einbruch der Dunkelheit machen die Badenixen und Wassermänner in den vielen Discos, Restaurants und Bars der «Copa Cagrana» die Nacht zum Tage oder feiern bei heißen Rock- und Samba-Rhythmen Strandfeten.

Am nördlichen «Festlandufer», zu Füßen der UNO-City, wurden Mitte der neunziger Jahre die Fundamente ausgehoben, auf denen die Pavillons der Weltausstellung 1995 stehen sollten. Das Expo-Projekt, das gemeinsam mit Budapest hätte organisiert werden und den beiden Donaumetropolen erhöhte Aufmerksamkeit der Weltöffentlichkeit und einen Neuerungsschub für ihre Infrastruktur hätte bescheren sollen, wurde zur allgemeinen Überraschung von der Bevölkerung bei einer Volksabstimmung zwar gestoppt. Doch die «Amerikanisierung» der Gegend konnte das basisdemokratische Veto nicht aufhalten.

Inzwischen ist entlang dem nördlichen Donauufer, zwischen Floridsdorf und Kaisermühlen, eine veritable zweite City in die Höhe geschossen – mit ausgedehnten Wohnparks, einem Technologiepark und Hunderttausenden Quadratmeter Büroflächen, deren Mieter, vielfach internationale Firmen, die Stadtkasse mit Steuergeldern füllen. Sogar mehrere eindrückliche Monumente zeitgenössischer Baukunst markieren am Rand des 1964 anlässlich der Internationalen Gartenschau angelegten Donauparks Wiens Willen zum Anschluss an die Moderne. Unter deren Schöpfern: heimische Stars des internationalen Architektenhimmels wie Gustav Peichl, Hans Hollein und Coop Himmelb(l)au.

An seiner Pforte zum Norden hat sich Wien also eine gehörige Portion amerikanischen Charmes verpasst. Von dort bis in den tiefsten Ostblock sind es allerdings bloß zwei Stationen mit den «Silberpfeil»-Waggons der U-Bahn oder ein Fußmarsch von einer Viertelstunde über die neue Reichsbrücke, die elegant geschwungene Nachfolgerin jener Brücke, die 1976 eines schönen Hochsommermorgens zur allgemeinen Verblüffung mir nichts, dir nichts zusammenbrach. Gleich neben der Anlegestelle der seit Vorschultagen ob ihres zungenbrecherischen Namens berüchtigten Donaudampfschifffahrtsgesellschaft, wo die Ausflugsschiffe in die Wachau und die Kreuzfahrtschiffe Richtung Passau beziehungsweise Budapest und Schwarzem Meer vor Anker liegen, betritt man eine russisch-polnische Provinz. Ihr verwirrender Name: Mexikoplatz.

Mexikoplatz – wo der Balkan beginnt

Auf diesem 90 mal 150 Meter großen Geviert sind alle slawischen Idiome zu Hause. Der erste Satz, den man hier in jeder Sprache versteht, lautet: «Man kauft hier billig.» Und zwar «Waren aller Art». Der Mexikoplatz, dessen Name an das einzige Land erinnert, das im Schicksalsjahr 1938 vor dem Völkerbund gegen den «Anschluss» Österreichs an Deutschland offiziell Einspruch erhob, war für ganz Osteuropa jahrzehntelang das Synonym für «Paradies». Donaumatrosen und Lastwagenchauffeure besorgten hier, wovon ihre Landsleute in der Heimat träumten: Nylonstrümpfe und Wollknäuel mit Glitzerfäden aus Acryl, Plastikmadonnen mit eingebautem Thermometer und Kaffee in goldenen Zehn-Kilo-Paketen.

Die alteingesessenen Händler sind mehrheitlich georgische Juden. Sie heißen Taudidischvili, Modzgvrischvili oder Dawaraschvili und wohnen, wie es sich für erfolgreiche Geschäftsleute gehört, längst in den Nobelbezirken Döbling oder Währing an den Hängen des Wienerwalds. Die «Schwilis», so ihr Spitzname, schwangen bis Ende der achtziger Jahre ihr Szepter uneingeschränkt. Dann hob die österreichische Bundesregierung die Visumpflicht für Polen auf, und aus dem Nordosten zogen Tausende Schwarzhändler bis nach Mexiko.

Hier, im Schatten der Kirche des heiligen Franz von Assisi, die den Donauvölkern der Habsburger-Monarchie geweiht ist, konnten sie ihre mitgebrachten Lebensmittel,

Bild rechts
Franz-von-Assisi-Kirche auf dem Mexikoplatz

Der neogotische Dogenhof an der Praterstraße

Kleider und Zigaretten zu Geld machen. Damals, kurz nachdem sich der Eiserne Vorhang gehoben hatte, wurden an Spitzenwochenenden hier 6000 Händler und über 100 000 Kunden gezählt. Der Mexikoplatz versank in einer Wolke aus Gerüchten über Waffenschieberei, Drogenhandel und Prostitution, und die Ausländerfeindlichkeit unter den Anrainern wuchs. Geblieben sind auf dem Mexikoplatz auch im dritten Jahr des dritten Jahrtausends die Schwilis und die Devisenhändler, die Bustouristen aus Krakau, Skopje oder Brünn und die leicht schmuddelige Atmosphäre eines ökonomischen Niemandslandes, deretwegen das uralte Diktum, in Wien beginne der Balkan, immer noch Gültigkeit hat.

Die Leopoldstadt – Wiens Juden einst und heute

Drei U-Bahn-Stationen weiter trifft man statt auf breiten Nadelstreif und Brillantine-Haar auf Kaftan und Peies. Das Viertel zwischen Praterstern, Donaukanal und Augarten im heutigen zweiten Bezirk, der Leopoldstadt, war seit den Zeiten des Gettos der Bezirk der Juden, genannt die «Mazzeinsel». Der auch in Wien schon im Mittelalter grassierende Antisemitismus, der 1421 in der so genannten «Wiener Ge-

sirah» gipfelte, bei der Tausende Juden teils vertrieben, teils eingekerkert, teils öffentlich verbrannt wurden, hatte zu Beginn des 17. Jahrhunderts einen neuen traurigen Höhepunkt erreicht.

Damals wurde die jüdische Bevölkerung in der Unteren Werd, der späteren Leopoldstadt, gettoisiert. Erst nach der Revolution von 1848 begann eine länger währende Phase der Toleranz. In wenigen Jahrzehnten stieg – vor allem dank der Zuzüglerströme aus den östlichen Teilen der Monarchie – die Zahl der ansässigen Juden von wenigen Tausend auf über 200 000. In den 1920er Jahren war Wiens Bevölkerung zu über zehn Prozent mosaischen Glaubens.

Die Zäsur kam mit den Nationalsozialisten. 1945 zählte die hiesige Gemeinde, die vor dem Krieg als eine der reichsten Europas gegolten und deren Intellektuelle das Geistesleben der Stadt maßgeblich geprägt hatten, nur mehr 2000 Mitglieder. 65 000 waren in den Konzentrationslagern umgekommen, der Rest gerade noch rechtzeitig vor Ausbruch des Krieges in die Emigration entkommen. Seit Kriegsende haben zwar über eineinhalb Millionen Juden, hauptsächlich aus Polen und Russland, dem Baltikum und Zentralasien, Flüchtlingslager im Großraum von Wien als Transitstationen zur Auswanderung nach Übersee genutzt.

Die Zahl der hier Ansässigen ist jedoch – vornehmlich durch ursprünglich bucharische und georgische Rückwanderer aus Israel – nur wenig auf heute etwa 12 000 gestiegen. Immerhin: In den Gässchen rund um den Karmelitermarkt und, jenseits des Donaukanals, um die Hauptsynagoge in der Seitenstettengasse im ersten Bezirk kann man wenigstens vereinzelt wieder auf atmosphärische Spurenelemente aus einem Schtetl stoßen. Hier ein koscherer Laden, dort ein neues Bethaus, ein Kulturhaus, ein Passant in orthodoxer Tracht ... Und ein jüdisches Schulsystem mit Kindergarten, Volks- und Haupt- und Mittelschule steht wieder lückenlos zur Verfügung. Die Bewachung des Haupttempels durch Spezialeinheiten der Polizei allerdings, die seit einem blutigen Attentat durch arabische Freischärler Anfang der achtziger Jahre gewährleistet wird, erfolgt nach wie vor in unveränderter Strenge und rund um die Uhr.

terra magica

Biedermeier pur in der Wiener Vorstadt

Eine alte Bäuerin aus dem Waldviertel, der Grenzregion zu Böhmen, preist mit kehliger Stimme ihr selbst gebackenes Brot, ihren Honig und – «Für unters Bett gegen die Erdstrahlen!» – die Waben. Der junge Mann im peruanischen Wollpulli am Nebenstand hat aus Birnenholz Obstschüsseln geschnitzt und aus Kirschbaumholz ein hölzernes Kinderxylophon. Schräg gegenüber gibt es gebatikte Seidenschals, und ein Tscheche mit strähniger Künstlermähne verkauft Kohleradierungen von den Statuen der Karlsbrücke in Prag.

In der Adventszeit, aber auch zu Ostern und Pfingsten pflegt ein buntes Völkchen von Lebenskünstlern auf dem Kopfsteinpflaster der schmalen, von jeglichem Verkehr befreiten Schrank- und Spittelberg- und Gutenberggasse seine Holzhüttchen aufzuschlagen. Unzählige Flaneure aus ganz Wien bestaunen dann ihre Kunst, aus nichts etwas zu machen, und kaufen das eine oder andere Stück.

Der Kunsthandwerksmarkt am Spittelberg ist seit Jahren eine stadtbekannte Institution. Hier, unmittelbar hinter dem ultramodernen Museumsquartier, ist ein Stück beschauliches Biedermeier erhalten geblieben. Die Zeilen der ein-, höchstens zweistöckigen Häuser wären perfekte Kulissen für ein Waldmüller-Gemälde. Heute sind sie tipptopp renoviert, weil die Stadtväter Ende der siebziger Jahre endlich akzeptierten, dass manche Untertanen doch lieber in ihren angestammten verwinkelten Vorstadtwohnungen als in den zuvor reihenweise hochgezogenen Satellitensilos an der Peripherie leben.

Den Wert solcher Bilderbuchidyllen haben auch findige Gastronomen erkannt. Sie servieren auf Holztischen – und wie im Fall des Beisls Witwe Bolte sogar unter Lindenbäumen – Nudelsuppe, Beuschel und Palatschinken, dazu den herrlich sauren oststeirischen Schilcher-Wein, und hauchen so dem tagsüber schläfrigen Viertel bis nach Mitternacht Leben ein.

Mariahilfer Straße und Naschmarkt

Zu neuem Leben ist nach langen Jahren der durch den Bau der U-Bahn bedingten Apathie in jüngster Zeit auch die Mariahilfer Straße erwacht. Als alte Postroute Richtung Westen und hochnoble Zufahrtschaussee nach Schönbrunn hatte sie sich schon früh zu einer der führenden Geschäftsstraßen der Stadt gemausert. Selbst mehrere renommierte Großkaufhäuser trachteten in ihr schon früh, den Konsumwillen der Passanten zu wecken. Infolge der Ostöffnung zwischenzeitlich zu einem eher billigen Revier für Ramschjäger herabgesunken, präsentiert sich heute vor allem ihr innerer Abschnitt, der zwischen Westbahnhof und Museumsquartier die Grenze zwischen sechstem und siebtem Bezirk bildet, komplett runderneuert. Breite Gehsteige, neu gepflanzte Baumreihen, schicke Läden, Cafés und Eissalons verströmen nahezu weltstädtisches Flair und laden zum ausgedehnten Flanieren.

Ungleich erdiger geht es wenige Gehminuten weiter südlich, drunten im Wiental zu. Dort, über jenem verbetonierten Bächlein, das aus ziemlich unerfindlichen Gründen den Namen der Stadt tragen darf, erstreckt sich über 500 Meter lang der Naschmarkt – Wiens zentraler Umschlagplatz für Lebensmittel aller Art. Selbst Einheimische, die nichts zu kaufen haben, lieben es, durch das Spalier aus Obst- und Gemüse- und Trockenfruchtbergen zu schlendern. Denn der überwiegende Teil der aberhunderte Händler hat seine familiären Wurzeln auf dem Balkan oder in der Türkei. Die lauten Lobpreisungen ihrer stets frischen Ware und

Bilder nächste beiden Seiten
- **Spittelberg-Viertel: Biedermeier-Fassaden in der Spittelberggasse. Gasthaus «Witwe Bolte»**
- **Im Theater an der Wien. Auf den Spuren des Dritten Mannes am überwölbten Wienfluss unter dem Naschmarkts**

deren prachtvolles Kunterbunt verleihen dem Ort die sinnliche Atmosphäre eines orientalischen Basars. Wobei freilich in jüngster Zeit zwischen den Verkaufsständen und in den angrenzenden Gassen zahlreiche Espressobars, Sushi-, Kebab- und Dimsum-Läden das kulinarische Sortiment ziemlich aufgemischt und globalisiert haben.

Noch größer und faszinierender ist das Durcheinander, das – jeweils samstags – ein Stück stadtauswärts, auf einem riesigen Parkplatz neben der U-Bahn-Station Kettenbrückengasse herrscht. Denn dort, zu Füßen der viel fotografierten Wagnerschen Jugendstilfassaden mit ihrem vergoldeten Laubwerk und den Majolika-Ornamenten, schlägt dann ab sechs Uhr früh der Flohmarkt seine Zelte auf. Und sammelwütige Wiener stöbern zu Tausenden und stundenlang in dem kuriosen Secondhand-Allerlei, das die «Fetzentandler», wie man hierorts die Altwarenhändler zu nennen pflegt, feilbieten, nach Schnäppchen und Schätzen.

Mechithar und das Großbürgertum

Wandert man vom Spittelberg nach Norden, passiert man zunächst in der Mechitharistengasse ein nach außen hin unscheinbares Kloster. Die Mönche der gleichnamigen katholisch-armenischen Ordensgemeinschaft brennen in ihrer von Josef Kornhäusel, dem Meister des Klassizismus, erbauten Heimstatt nicht nur einen klebrig-süßen, jedoch köstlichen Klosterlikör, sondern behüten auch einen bibliophilen Schatz: eine mehr als 200 000 Bände umfassende, prächtig ausgestattete Bibliothek. Auch blickt die von ihnen betriebene Druckerei auf eine 300-jährige Tradition als Hort der Pflege von Orientsprachen zurück. An dem Haus gegenüber dem Klosterportal erinnert eine Wandtafel daran, dass hier 1801 Joseph Lanner, der Hauptkonkurrent von Johann Strauß im Ringen um den Titel des Walzerkönigs, geboren wurde.

Bild links
Noch wenig Gäste am Naschmarkt

Wenig später betritt man den achten Bezirk, die Josefstadt – eine der (groß-)bürgerlichsten Wohngegenden im innerstädtischen Bereich. Die Lenaugasse unweit des Rathauses bietet mit ihren klassizistischen Fassaden, den geschwungenen Portalen, Fensterbekrönungen und Giebeln ein Paradebeispiel für eine biedermeierliche Vorstadtbebauung. Weiter stadtauswärts werden die Häuser deutlich höher und jünger. Dort steht seit 1788 das Theater in der Josefstadt – die älteste ständig bespielte Bühne der Stadt, die noch immer als Hort typisch wienerischer Schauspielkunst Verehrung genießt und, gemeinsam mit dem nahen Volkstheater, dafür verantwortlich ist, dass die Gassen zwischen Alser- und Lerchenfelderstraße bis heute auch als Wohngegend der Künstler gelten. Daran, dass einst hier am Saum des Glacis der Adel seine sommerlichen Gartenpaläste errichtete, erinnern die beiden Prachtpalais derer von Schönborn (in dem heute das Volkskundemuseum untergebracht ist) und derer von Auersperg (häufig Schauplatz rauschender Bälle und Feste). Beide hat der prominente Barockbaumeister Johann Lukas von Hildebrandt entworfen.

Alsergrund – der Bezirk, der Heilung verspricht

Nördlich der Alserstraße, im neunten Bezirk, ist seit alters ein Großteil von Wiens Spitalwesen gebündelt. Dieses war in der Donaumetropole vergleichsweise sehr früh schon hoch entwickelt gewesen. So hat etwa Gerard van Swieten, der Leibarzt von Kaiserin Maria Theresia, als oberster Medizinalverwalter der Stadt schon Mitte des 18. Jahrhunderts die einschlägige Administration und das Hochschulwesen grundsätzlich modernisiert. Und wenig später setzte der Reformkaiser Joseph II. einen Meilenstein durch den Bau des Allgemeinen Krankenhauses, in dem erstmals jeder Patient ein eigenes Bett besaß.

Im späteren 19. Jahrhundert begründeten dann Pioniere wie Ignaz Philipp Semmelweis, der «Retter der Mütter», oder der Chirurg Theodor Billroth den Ruhm der Wiener Medizin. Ein Ruhm, den nach 1900 Seelenkundler wie Alfred Adler,

Sonnenuntergang über den Dächern und Türmen des 8. Bezirks, der Josefstadt

der Begründer der Individualpsychologie, der Psychiater und Nobelpreisträger Julius Wagner von Jauregg, die beiden Sexualpsychologen Wilhelm Reich und Richard Krafft-Ebing und – last, not least – Sigmund Freud mehrten. Kaiser Josephs altes Allgemeines Krankenhaus steht mittlerweile im Schatten der zwei gigantischen Blöcke des neuen, in den 1970er Jahren entstandenen AKH und dient mit seinen dreizehn Höfen und den schier endlosen Trakten als Campus der Universität.

Trotzdem offenbart die historische Spurensuche in der Gegend eine Reihe hochinteressanter einschlägiger Orte. Im so genannten Josephinum etwa, der ehemaligen medizinisch-chirurgischen Militärakademie, ist dem heutigen Institut für Geschichte der Medizin ein Museum angeschlossen. Darin wird die Entwicklung der Wiener medizinischen Schulen dokumentiert und auch jene einzigartige Sammlung anatomischer und geburtshilflicher Wachspräparate gezeigt, mit deren Hilfe vor gut 200 Jahren angehende Ärzte das Innere des Menschen studieren konnten.

In der Berggasse Nr. 19 lockt die in ein Museum umgewandelte einstige Wohnung Sigmund Freuds bis zum heutigen Tag aus aller Welt scharenweise Bewunderer und Epigonen des Vaters der Psychoanalyse an. Die mit Abstand wunderlichste Attraktion stellt freilich der so genannte Narrenturm dar. Dieser fünfstöckige Rundbau, zu finden im 13.

terra magica

Die durch Heimito von Doderers gleichnamigen Roman berühmt gewordene Strud(e)lhofstiege

Hof des alten Allgemeinen Krankenhauses, war ab 1784 mehrere Generationen lang zwangsweise die Heimstatt von Wiens Geisteskranken. Heute birgt er das Pathologisch-anatomische Bundesmuseum, ein ungemein skurriles Sammelsurium verkrüppelter Skelette, deformierter, in Formalin gelegter Organe sowie naturgetreuer Nachbildungen der entsetzlichsten Entzündungen und Ekzeme als Wachsmontagen.

Von diesem Ort des Horrors, den empfindsame Gemüter wohl eher meiden sollten, ist es zum Glück nicht weit zu ungleich netteren Attraktionen: So thront am Fuße der Strudlhofstiege, jener Jugendstilanlage, auf der Heimito von Doderer in seinem gleichnamigen, weltberühmten Roman die Erzählstränge immer wieder schicksalhaft verknotet, das Palais Liechtenstein – einer der schönsten Barockpaläste Wiens, in dem bis zur Übersiedlung ins Museumsquartier das Museum moderner Kunst untergebracht war und ab 2003 die Liechtensteinsche Gemäldesammlung aus Vaduz ihre dauerhafte Bleibe hat. Und zweimal um die Ecke, in der Nußdorfer Straße, steht das Geburtshaus von Franz Schubert – ein eingeschossiger, überaus idyllischer Bau, in dem die Zeit vor zwei Jahrhunderten stehen geblieben zu sein scheint. Womit sich atmosphärisch der Kreis zum Ausgangspunkt der Vorstadtwanderung, der Biedermeierwelt des Spittelberges, geschlossen hätte.

terra magica

Barocke Pracht und bunte Kuriositäten

Vor den mächtigen schmiedeeisernen Gittertoren am Eingang zur habsburgischen Sommerresidenz Schönbrunn wiederholt sich in der Hauptsaison Tag für Tag ein logistisches Desaster. Fast im Minutentakt entladen Reisebusse aus ganz Europa ihre lebende, vielköpfige Fracht und stehen dabei den vorbeifahrenden Autos gehörig im Weg. Angeführt von fähnchen- oder regenschirmbewehrten Fremdenführern strömen die Besucher hierauf pulkweise durch den Ehrenhof. Im Inneren des Schlosses setzt sich das Gedränge fort: Bis zu 11 000 Schaulustige schieben sich in Spitzenzeiten täglich durch die Prunkgemächer. Weil die Massen anders nicht mehr zu bewältigen waren, werden seit kurzem Zählkarten verteilt. Und Gruppen müssen ihre Besuchszeit auf die Minute genau Tage im Voraus vereinbaren.

Schloss Schönbrunn – das Versailles der Habsburger

Der heftige Andrang hat freilich gute Gründe: 1441 Räume umfasst der weit ausladende Schlosskomplex. Davon ist im Rahmen der knapp einstündigen Führungen zwar nur ein winziger Teil, nämlich vierzig, zugänglich. Doch diese so genannten Schauräume haben es in sich: teils mit ostasiatischen Lacktafeln, teils mit Brüsseler Gobelins behängt, mit kostbarsten Hölzern und mehreren Hundert indischen Miniaturen getäfelt, entführen sie in eine barocke Welt überbordender Fantasie.

Als etwas schlichter möbliert erweisen sich das Arbeits- und das Schlafzimmer Kaiser Franz Joseph I. und seiner Gemahlin Elisabeth, genannt Sisi. Den unbestrittenen Höhepunkt des innenarchitektonischen Überschwangs bildet die Große Galerie, die, 43 Meter lang, mit ihren kolossalen vergoldeten Holzlüstern und reichen Stuckornamenten noch heute häufig den feierlichen Rahmen für Festbankette und Bälle bietet.

Was den Besuch von Schönbrunn – insbesondere an Schönwettertagen – zu einem absoluten Sightseeing-Höhepunkt macht, ist die Vielzahl an Begleitattraktionen. So sind in seinen Seitentrakten etwa die Wagenburg, eine einzigartige Sammlung von sechzig Prunkwagen, Schlitten und Sänften aus vier Jahrhunderten, ein Marionettentheater, ein entzückend intimes Schlosstheater, eine weitläufige Orangerie, die man regelmäßig für Konzerte nutzt, und auch ein elegantes Café-Restaurant untergebracht.

Zahlreiche weitere Anziehungspunkte finden sich über den Park verstreut, der, mehr als ein Quadratkilometer groß, schon an sich einen ausgedehnten Spaziergang lohnt. Als da sind: eine Meierei (mit gutem Kaffee und Kuchen), eine «römische» Ruine, ein Obelisk, ein Tauben-, ein Palmenhaus, ein Hecken-Irrgarten, mehrere Brunnen, der 1752 ins Leben gerufene und damit immerhin älteste erhaltene Tiergarten der Welt sowie, als Krönung im buchstäblichen Sinn, die auf einem Hügel thronende Gloriette, von deren Kaffeetischchen aus man einen wunderschönen Blick hinab auf Schloss und Park genießt.

Unter allen Kayserlichen Lust-Schlössern ist das schönste und magnifiqueste das von Kayser Joseph zu bauen angefangene Schönbrunn. Es ist dasselbe eine Stunde von Wien in einer luftigen Aue gelegen und fast zur Helffte mit Holtz umgeben, schwärmte schon anno 1730 in der «Allerneuesten Nachricht vom Römisch-Kayserlichen Hofe» ein gewisser Johann Basilius Küchelbecker. 1559 hatte Maximilian II. die so genannte Kattermühle, ein landwirtschaftliches Gut, erworben und in ein Jagdschlösschen samt Garten verwandelt.

Doch es war Leopold I., der sich kurz nach der zweiten Türkenbelagerung von seinem Hofarchitekten Johann Bernhard Fischer von Erlach einen ersten Entwurf für den pompösen Ausbau vorlegen ließ. Die Anlage sollte mit ihren schier endlosen Seitentrakten, mit Turnierplätzen, Triumphbrunnen und künstlichen Wasserfällen Versailles in den Schatten stel-

len, wurde jedoch nicht zuletzt aus finanziellen Gründen nie gebaut. Freilich dürfte auch Fischer von Erlachs zweite Variante, zu der 1697 der Spatenstich erfolgte, den Ansprüchen des Kaisers genügt haben. Immerhin wurde ihr Schöpfer in den Adelsstand erhoben.

Der Baukomplex mit seinem Mansardendach, den Balkonen und seitlichen Treppen, wie er im Westen Wiens, am Rande des Wientales steht, ist das Ergebnis eines massiven Umbaus, den zwischen 1744 und 1749 ein junger Architekt namens Nikolaus Pacassi vornahm. Den Auftrag dazu erteilte Kaiserin Maria Theresia, die in der Folge mit ihrem Gatten Franz I. Stephan von Lothringen und ihren sechzehn Kindern hier einen großen Teil des Jahres lebte und das Schloss zum strahlenden Mittelpunkt der Monarchie machte. Am eindeutig längsten, nämlich von 1848 bis 1916, residierte Franz Joseph I. in Schönbrunn.

Er pflegte jeden Mittag in nahezu ritueller, weil stets auf die Minute pünktlicher Fahrt von der Hofburg hier herauszufahren, um wieder einige seiner insgesamt 250 000 (!) Audienzen abzunehmen beziehungsweise hohen Besuch – wie etwa Sultan Abdul Aziz (1866) oder Zar Alexander II. (1873) – zu empfangen. Zu Beginn des 19. Jahrhunderts hatte übrigens zweimal für kurze Zeit nicht ein österreichischer Kaiser, sondern der französische, Napoleon, in Schönbrunn residiert. Zur «dauerhaften Residenz der österreichischen Kaiser» sollte Schönbrunn allerdings erst ein paar Jahre später, in der Ära Franz II./I. werden

Noch Anfang der neunziger Jahre des 20. Jahrhunderts lag, für halbwegs aufmerksame Betrachter unübersehbar, vieles im Argen: Die Wagenburg zum Beispiel ähnelte mehr

Bilder links, nächste Doppelseite und Seiten 170, 171
* **Umschlungene im Schlosspark von Schönbrunn**
* **Die Gartenfront von Schloss Schönbrunn. Allee im Schönbrunner Schlosspark. Kirche Maria vom Siege, gesehen vom Schlosspark Schönbrunn**
* **Scharf beobachtete Bären im Tiergarten von Schönbrunn. Säulenhalle Gloriette im Schlosspark**
* **Das Palmenhaus in Schönbrunn**

terra magica

einer Garage als einem Museum. Es gab weder gut sortierte Buch- und Souvenirläden noch ein akzeptables Restaurant. Die Besuchermassen hinterließen mit ihren Ausdünstungen schwere Feuchtigkeitsschäden an der Bausubstanz und am kostbaren Mobiliar. Der Park war verlottert, seine Brunnen lagen teilweise trocken. Gar nicht zu reden vom Tiergarten, dessen Ketten, Gitter und winzige Volieren jedem Prinzip moderner Zoogestaltung hohnsprachen. 1992 jedoch überantwortete die Republik Österreich als Eigentümerin das Nationalheiligtum Schönbrunn einer privaten Betreibergesellschaft, die seither für frischen Wind sprich eine sorgfältige Instandhaltung, zeitgemäße Organisation und Vermarktung sorgt.

Paradebeispiel für die erfolgreiche Modernisierung ist der Tiergarten, der in den 1990er Jahren dank privatem Sponsoring und einem äußerst umtriebigen und öffentlichkeitswirksamen Direktor zum Wohle seiner Insassen runderneuert wurde und seit kurzem sogar ein Pärchen Pandabären beherbergt. Einer Entwicklung hat der Staat allerdings geflissentlich vorgebeugt: dass nämlich das altehrwürdige Areal im Bemühen um mehr Ertrag in eine Art k.u.k. Disneyland verwandelt wird. Anfangs geäußerten skurrilen Ideen wie einer Zahnradbahn zur Gloriette, Ausfahrten in historischen Habsburger Kutschen oder dem Einbau von Rollbändern in den Schauräumen erteilte das zuständige Bundesdenkmalamt ein für alle Mal eine entschiedene Absage.

Prinz Eugens Schloss Belvedere

Nicht von Fischer von Erlach, sondern seinem Kollegen und Konkurrenten Lukas von Hildebrandt stammt Wiens zweites großes Barockschloss, das jeder Stadtbesucher gesehen haben muss: das Belvedere. Der legendäre Feldherr und Türkenbezwinger Prinz Eugen von Savoyen

Bild rechts
Das Obere Belvedere, ein Werk
Johann Lukas von Hildebrandts

terra magica

ließ sich dieses aus zwei Schlössern bestehende Sommerpalais zwischen 1714 und 1723 bauen. Das prächtigere der beiden, das Obere Belvedere, war Schauplatz eines historischen Moments der Landesgeschichte:

In seinem Marmorsaal besiegelten die Außenminister der vier Besatzungsmächte am 15. Mai 1955 mit der Unterzeichnung des Staatsvertrages die Unabhängigkeit der jungen Republik. In den angrenzenden Prunkräumen ist die Österreichische Galerie untergebracht, aus deren reichen Beständen die Werke des berühmten Dreigestirns Gustav Klimt, Egon Schiele und Oskar Kokoschka sowie zahlreiche Landschaften, Kinderbilder und Genreszenen des Meisters der Biedermeiermalerei, Ferdinand Georg Waldmüller, herausleuchten.

Das äußerlich vergleichsweise bescheidene, am Fuße des 500 Meter langen Terrassengartens gelegene Untere Belvedere beherbergt das Österreichische Barockmuseum. Letzteres umfasst in seinen mit Marmor, Spiegeln und Gold ausgestatteten Sälen neben zahlreichen Spitzengemälden jener Zeit unter anderem die originalen Bleifiguren von Georg Raphael Donners Brunnen am Neuen Markt und die populäre, grotesk-witzige Grimassen schneidenden Charakterköpfe von Franz Xaver Messerschmidt.

Hundertwasser und sein Haus als dreidimensionales Pamphlet

Nicht weit hinter dem ewigen ersten, dem Stephansdom, und hinter Schönbrunn und dem Belvedere steht in der aktuellen Rangliste der meistbesuchten Attraktionen ein buckliges, buntes Haus in einer unauffälligen Gasse im dritten Bezirk. Sein Schöpfer heißt Fritz Stowasser alias «Regentag» oder «Dunkelbunt» alias Friedensreich Hundertwasser und hat die Öffentlichkeit mit seinen architektonischen Kreationen bis zu seinem Tod im Jahr 2000 wie kaum ein anderer Gegenwartskünstler polarisiert. Die etablierte Kritik bezeichnete seine Werke fast unisono als kostspieligen Kitsch, Öko-Barock oder städtebaulichen Slapstick ohne jeden Sinngehalt.

Seine zahlreichen Bewunderer hingegen sehen in ihm den Propheten einer neuen, wahrhaft menschenfreundlichen und naturverbundenen Bauweise, einen Vorkämpfer gegen die «seelenlos-triste» Architektur der Moderne. Der ursprünglich vor allem durch seine gemalten Spiralen-Bilder bekannte gebürtige Wiener forderte nicht weniger als eine Rückkehr zum Bauen «in Harmonie mit der Natur». Was er darunter verstand, hat er erstmals bereits anno 1958 im so genannten «Verschimmelungsmanifest gegen den Rationalismus in der Architektur» formuliert.

Darin forderte er mit der ihm eigenen apodiktischen Inbrunst, der «Urwald der geraden Linien, der uns immer mehr wie Gefangene in einem Gefängnis umstrickt», müsse gerodet werden. Rechte Winkel und gerade Flächen seien ein Grundübel unserer Zivilisation. Daher gelte es, Dächer, Terrassen und Fassaden konsequent zu begrünen, und bei der Gestaltung der Außenhaut und der Innenräume von Bauten fröhliche Farben und unorthodoxe, natürliche Materialien zu verwenden.

Im Lauf der Jahre hatte der überaus umtriebige Künstler unter anderem in Wien ein Fernheizwerk und eine Tankstelle, im Umland eine Autobahnraststätte, zwei Brunnen, eine Kirche sowie ein Thermenbad samt riesiger Feriensiedlung gestaltet. Sein mit Abstand bekanntestes Werk ist freilich die Mitte der achtziger Jahre Ecke Kegel- und Löwengasse entstandene kommunale Wohnanlage – das Hundertwasserhaus.

Als eine Art dreidimensionales Pamphlet wider die herrschenden Normen und Regeln konzipiert, stellt es vordergründig tatsächlich alles Gewohnte auf den Kopf: Mauern und Kanten sind mit krummen Linien, Buckeln und Öffnun-

Bilder links und nächste Doppelseite
• Sphinx an der Terrasse des Oberen Belvedere.
Verführung im Barockmuseum des Unteren Belvedere
• Das Hundertwasserhaus: eine
kommunale Wohnanlage im 3. Bezirk,
an der Ecke Löwen- und Kegelgasse,
nur von außen zu besichtigen

terra magica

gen durchsetzt und alle Böden uneben. Die Fassade ließ der exzentrische Meister mit Söllern und vergoldeten Zwiebeltürmchen, mit farbigen Kachelmosaiken, grellbunten Tropfen, Kringeln und Tupfen dekorieren. Und Balkone und Dächer sind von einer dicken Schicht Erde bedeckt und mit Bäumen und Buschwerk bepflanzt. Doch so revolutionär das Konzept auf den ersten Blick auch erscheinen mag, die fünfzig Wohneinheiten umfassende Anlage weist in Wahrheit keinerlei wirkliche technische oder bauliche Neuerung auf; nicht einmal auf ökologischem, also etwa Energie sparendem Gebiet. Sie besteht aus einem Betonrahmen und aus verputztem Mauerwerk wie jedes konventionelle Wohnbauprojekt auch.

Nichtsdestotrotz kommen an Spitzentagen zur Hauptreisezeit bis zu 5000 Schaulustige, um den bunten Fleck in der grauen Stadtlandschaft zu bestaunen. Was den äußerst geschäftstüchtigen Künstler, der so zu einer Art Hohepriester des Massengeschmacks avanciert war, in den neunziger Jahren veranlasst hatte, Schritt für Schritt auch der Umgebung des neuen Wahrzeichens ästhetisch seinen Stempel aufzudrücken.

So gestaltete er, um die Neugier der Touristen auf das Innenleben seiner architektonischen Schöpfungen zu stillen (der Zugang zum Wohnhaus bleibt ihnen aus Rücksicht auf die Bewohner verwehrt), gleich gegenüber in dem für ihn typischen Stil das Village, ein kleines, nicht unoriginelles Einkaufszentrum. Und wenige Gehminuten entfernt verwandelte er das Gebäude, in dem früher die Tischlerei Thonet ihre berühmten Bugholzmöbel fabrizierte, in das KunstHausWien – ein Museum, auf dessen 3500 unebenen Quadratmetern eigene Werke des Meisters und in wechselnden Ausstellungen auch Arbeiten anderer renommierter Gegenwartskünstler aus aller Welt gezeigt werden.

Bilder rechts
Die am Rande des Schönbrunner Schlossparks stehende Pfarrkirche von Hietzing. Schanigarten und Kirchenvorplatz im Herzen von Hietzing

Wald, Wasser, Luft – eine grüne Metropole

Wien genießt den Ruf, verglichen mit anderen Millionenmetropolen eine überdurchschnittlich hohe Lebensqualität zu bieten. Es verdankt ihn zu einem wesentlichen Teil jenem rund 1250 Quadratkilometer großen Wald, von dem es im Westen halbkreisförmig von der Donau bis zur so genannten Thermenlinie umschlossen wird. Dessen Bäume – in der nördlichen Sandsteinzone sind es vorwiegend Buchen und Eichen, auf dem Kalkboden des südlichen Teils Föhren und Kiefern – bremsen den Wind, der hier die meiste Zeit des Jahres aus westlicher Richtung bläst, reichern ihn mit Sauerstoff an, nehmen im Gegenzug pro Hektar und Jahr 68 Tonnen der von ihm transportierten Giftstoffe und Staubpartikel auf und bewahren den Boden dieses östlichsten Zipfels der Alpen zudem vor Erosion. Nicht zufällig sind die westlichen Stadtbezirke, aus deren Villensiedlungen die Ausläufer des Wienerwalds emporwachsen, seit jeher Wohngegend der Privilegierten.

Der Wienerwald – grüne Lunge und Naherholungsgebiet

Doch nicht nur für die Luft der Stadt, auch für die Seele ihrer Bewohner ist das riesige Waldgebiet Labsal: Spätestens seit dem Biedermeier, als Adel und Bürgertum die Reize der stadtnahen Natur entdeckten und Maler wie Friedrich Gauermann und Ferdinand Georg Waldmüller sie auf Leinwand bannten, dient es in erster Linie als bukolisches Idyll – für sonntägliche Landpartien und auch für vielwöchige Sommerfrischen.

Ein halbes Jahrtausend früher ging es hier weit weniger betulich zu. Damals wucherte rund um die Stadt ein undurchdringlicher, von Bären und Wölfen bevölkerter Urwald, den Mönche und Bauern nach und nach urbar machten. Als Teile des Dickichts endlich gerodet, Felder und Weingärten angelegt und Dörfer erbaut waren, kamen die türkischen Heere und mit ihnen Tod und Verwüstung. Im Zuge der mühsamen Rekultivierung wurde das Gebiet dann endgültig gezähmt; erst durch Bauern und Holzfäller, dann durch den jagdlustigen Adel und im späten 18. und frühen 19. Jahrhundert schließlich durch die erholungsbedürftigen Städter. Der Wald, in seinem Kern jahrhundertelang unberührter Bannwald im Besitz der Habsburger, mutierte zur harmlosen Kulisse für romantische Projektionen.

Tödliche Gefahr drohte ihm aber erst im Jahr 1870, als der Staat, der durch die Preußenkriege nahe am Bankrott stand, den Verkauf des enormen Nutz- und Brennholzreservoirs an Holzgroßhändler beschloss. Nur eine jahrelange, von dem ehemaligen Offizier Josef Schöffel organisierte Pressekampagne verhinderte damals die großflächige Abholzung des Wienerwalds.

Heute ist der Wienerwald – zumindest in Stadtnähe – vorwiegend Erholungslandschaft, durchzogen von einem Netz von Wanderwegen, durchsetzt von Lagerwiesen, Ausflugslokalen und Aussichtswarten. Doch trotz seiner Beliebtheit ist er, sieht man von Renommiertreffpunkten wie etwa dem Häuserl am Stoan oder dem Cobenzl an der Höhenstraße ab, alles andere als überfüllt. Abseits der Hauptwanderstraßen verlieren sich die rotbestrumpften Wanderer, ist man – vor allem wochentags – vielerorts mit sich allein.

Sightseeing-hungrige Touristen mögen vielleicht enttäuscht sein, denn außer dem Zisterzienserstift Heiligen-

Bilder rechts und nächste beiden Seiten
• Idyllische Ecke im Kahlenbergerdorf
• Weingärten an den Abhängen des Leopoldsberges.
Der zwischen Wien-Nussdorf und Klosterneuburg gelegene Winzerort Kahlenbergerdorf
• Hoch über dem Donautal: die Leopoldskirche auf dem Leopoldsberg.

kreuz und Mayerling, wo der habsburgische Kronprinz Rudolf anno 1889 seinem Leben und dem seiner Gefährtin Mary Vetsera ein Ende setzte, außer dem viel besungenen «Wegerl» im Helenental westlich von Baden und der Höhenstraße mit Panoramablick über Wien bekommen sie im Wienerwald kaum «große» Sehenswürdigkeiten geboten.

Dafür stößt man inmitten der sanften, kaum 500 Meter hohen Hügel des nördlichen Teils und auch zwischen den schroffen Beinahe-Tausendern mit ihren veritablen Felswänden im Süden immer wieder auf kleine, stille Sensationen. Auf alte Schlösser wie die von Neulengbach oder Wildegg, auf gut erhaltene Burgen und Ruinen – Burg Liechtenstein bei Maria Enzersdorf oder Rauhenstein und Rauheneck bei Baden zum Beispiel, auf altehrwürdige Klöster, etwa die in Mauerbach oder Mariabrunn nahe der Westgrenze Wiens, und auf alpines Ambiente wie am Schöpfl, dem mit 893 Meter höchsten Gipfel des Wienerwalds. Und auch auf verzauberte Orte, stille Buschenschenken und Meiereien, in denen man auf harten Holzbänken sitzend bei Milchrahmstrudel oder einem Achterl Wein eine Zeitreise ins 19. Jahrhundert unternimmt.

Seit Jahren droht Wiens grüner Lunge freilich erneut Gefahr. Nicht von Sägen diesmal, sondern von Auspuffgasen und Betonmischmaschinen. Die Zersiedlung (immer mehr stadtmüde Wiener ziehen in die weitere Umgebung Wiens und pendeln tagsüber zur Arbeit in die City), der aus dem erhöhten Verkehr resultierende saure Regen (mehr als die Hälfte der Bäume sind bereits geschädigt) und zeitweise hohe Ozonwerte in den Sommermonaten lassen befürchten, dass Josef Schöffels Engagement à la longue vergebens war.

Lainzer Tiergarten, Prater, Wiener- und Laaerberg

Ungewöhnlich grün präsentiert sich der Wiener Raum allerdings nicht nur jenseits, sondern auch innerhalb der Stadtgrenzen. Da ist zum einen der Lainzer Tiergarten: ein planmäßig geschütztes Wald- und Wiesengebiet im Westen des 13. und 23. Bezirks – 26 Quadratkilometer groß, von einer auf Befehl Maria Theresias errichteten, 24 Kilometer langen, bis drei Meter hohen Mauer umgeben, von 80 Kilometer Wanderwegen durchzogen und von Aberhunderten Rehen, Hirschen und Wildschweinen bevölkert. Da sind zum anderen auch am Rand der nordwestlichen (Nobel-) Bezirke Penzing und Ottakring, Hernals, Währing und Döbling die Ausläufer des Wienerwalds. Sie sind über weite Strecken ziemlich zersiedelt, teilweise großflächig von Weingärten bedeckt. Doch in den Bereichen fernab der Bauzonen, allen voran auf den Wiener Hausbergen, dem Kahlen- und dem Leopoldsberg, präsentieren sie sich nach wie vor als unversehrte Wanderparadiese.

Auch an der südlichen Peripherie prangen auf dem Stadtplan zwei beträchtliche Grünflächen: der Wiener- und der Laaerberg. Wobei Ersterer in den letzten Jahren von ehrgeizigen Urbanisten mit allerlei pompösen Bürotürmen bepflanzt wurde, Letzterer hingegen bislang zumindest in Restbeständen seinen durch den so genannten Böhmischen Prater, den kleinen Bruder des Volks- oder Wurstelpraters, maßgeblich mitgeprägten, bodenständigen und eher rauen Charme bewahren konnte.

Den weiter östlich, Richtung Flughafen gelegenen Zentralfriedhof als Grün- und Erholungsgebiet zu bezeichnen, mag blasphemisch anmuten. Doch ökologisch betrachtet ist er ein solches, denn immerhin tummelt sich auf seinem 2,4 Quadratkilometer großen Areal im Schatten des teilweise recht dichten Baum- und Buschbestands so viel Klein- und Niederwild, dass die kommunale Verwaltung, um seine Vermehrung einzudämmen, einmal im Jahr regelrechte Treibjagden zu veranstalten hat.

Ebenfalls recht wildreich, jedoch eindeutig der Rekreation und dem Vergnügen der Lebenden gewidmet, ist hingegen der zwischen Donau und Donaukanal gelegene Prater. Wegen ihres Wildreichtums lange Zeit exklusiv vom Hof als Jagdrevier genutzt, wurde die von Auen und Altwasserarmen durchzogene Wald- und Wiesenlandschaft 1766 auf Geheiß Josef II. dem gemeinen Volk zugänglich gemacht. Worauf dieses das vollkommen flache, fast 15 Kilometer lange Gelände sukzessive in ein Freizeitareal ver-

Im Restaurant «Lusthaus» am Ende der Prater Hauptallee

wandelte. Seine östlichen Gegenden wurden zum Revier für Sonntagsspaziergänger, Picknicker, Reiter und zum amourösen Rückzugsgebiet. Im westlichen, stadtnahen Bereich hingegen entwickelte sich bereits im frühen 19. Jahrhundert jenes Sammelsurium von Wirtshäusern, Schaubuden und anderen Belustigungsstätten, das man nach der Figur des Hanswurst zuerst Wurstel- und in der Folge Volksprater nannte, und das 1896/97 sein – spätestens seit Carol Reeds Nachkriegsthriller *Der dritte Mann* mit der Musik von Zithervirtuose Anton Karas – weltberühmtes Wahrzeichen erhielt: das eiserne, 67 Meter hohe, mit roten Holzwaggons behangene Riesenrad.

Heute wie damals wird der Prater von der viereinhalb Kilometer langen Hauptallee, einem für jeglichen Autoverkehr gesperrten Jogger- und Radfahrerparadies, in zwei ziemlich gleich große Hälften zerteilt. Während sich der südliche Bereich seine Naturhaftigkeit mit Spazierwegen, Wäldchen, Wiesen und Auwassern bewahrt hat, mutierte der nördliche zu einem modernen Freizeitareal mit Tennisplätzen, einem Golfplatz, einer Trab- und einer Galopprennbahn, einem Rad- und Wiens großem Fußballstadion sowie dem zentralen Messe- und Ausstellungsgelände der Stadt. Und im benachbarten Wurstelprater waren die herrlich unzeitgemäßen Schießbuden und Lachkabinette, die kastanienschattigen Biergärten und hölzernen Hochschau- und Geisterbahnen gezwungen, eine Mesalliance mit der neumodisch-gewalttätigen, computerhaft piepsenden und blinkenden Zerstreuungs- und Taumel- und Gruselmaschinerie einzugehen. Nur die Liliputbahn, ein vor allem bei Familien beliebtes Schmalspurbähnchen, dampft von ihrem Abfahrtsstationchen zu Füßen des Riesenrades aus wie ehedem mit putzigem Pfeifen und Pfauchen unverdrossen ins Gelände.

Bilder nächste Doppelseite
Der österreichisch-ungarische Admiral Wilhelm von Tegetthoff überwacht am Praterstern das Treiben unter dem 1896/97 konstruierten Riesenrad im Prater

terra magica

terra magica

Zeittafel der Stadt Wien

500–1900 v. Chr.	Funde der donauländischen Bandkeramik und Glockenbecherkultur
Ende des 3. Jahrtausends	Von Norden eindringende Indogermanen überlagern die Urbevölkerung
1200–500 v. Chr.	Ältere Eisenzeit, Hallstattzeit. Funde aus der illyrischen Kultur
um 400 v. Chr.	Jüngere Eisenzeit, La-Tène-Periode. Kelten siedeln im heutigen Wiener Raum
15 v. Chr.	Kaiser Augustus lässt die Alpenländer besetzen. Die Donau wird römische Reichsgrenze
50 n. Chr.	Im Gebiet der heutigen Wiener Innenstadt errichten die Römer das Standquartier Vindobona für die 13. und später auch die 10. Legion
90	Ausbau des römischen Limes
100	Unter Kaiser Traian wird Vindobona befestigtes römisches Kastell
169–171	Vindobona und Carnuntum (Hauptstadt der Provinz Pannonien) werden von den germanischen Markomannen und Quaden zerstört
180	Marc Aurel stirbt in Vindobona
212	Vindobona wird unter Kaiser Caracalla «Municipium»
280	Kaiser Probus erlaubt den Weinbau und lässt Reben pflanzen
um 300	Erste Spuren des Christentums
um 366	Nennung Vindobonas in der spätrömischen Straßenkarte «Tabula Peutingeriana»
um 395	Markomannen und Quaden verwüsten abermals Pannonien und Wien
um 400	Der Begriff Vindobona wird in der «Notitia dignitatum», dem Staatshandbuch der Spätantike, zum letzen Mal erwähnt. Völkerwanderungszeit
433	Pannonien und Wien werden von den Hunnen besetzt
453	Der Sage nach Tod Attilas in Wien
455	Wien wird ostgotisch
462	Ankunft des heiligen Severin
550	Jordanes erwähnt «Vindomina» in seiner Goten-Geschichte
570	Einzug der Awaren
nach 600	Slawische Ansiedlungen
791	Der Sage nach weilt Karl der Große in Wien und gründet die Peterskirche
um 800	Bayerische Landnahme
881	Erste mittelalterliche Erwähnung Wiens in den Salzburger Annalen «ad Weniam»
um 900	Raubzüge der Magyaren im Raum Wien
955	Sieg Ottos I. (der spätere Kaiser Otto der Große) über die Magyaren auf dem Lechfeld
1030	Die Niederaltaicher Annalen nennen «Viennis»
1095	Wien geht während der Regierungszeit Leopolds III. in den Besitz der Babenberger über
1137	Erste urkundliche Bezeichnung Wiens als «Civitas» – Stadt
1147	Das Kreuzritterheer in Wien. Einweihung des ältesten Baus der Kirche St. Stephan
1156	Herzog Heinrich II., Jasomirgott, übersiedelt von Klosterneuburg nach Wien. Erste Babenberger-Residenz
1158	König Barbarossa in Wien
1172	Wien wird «civitas metropolitana» genannt
1190	Walther von der Vogelweide lernt in Wien bei Reinmar von Hagenau «singen und sagen»
1204	Erster Nachweis des Wiener Pfennigs
ab 1220 (bis 1260)	Bau des Riesentores und des Westwerkes von St. Stephan mit den Heidentürmen
um 1225	Ältestes Wiener Stadtsiegel «Sigillium civium Viennensium»: ein Adler
1237	Kaiser Friedrich II. verleiht der Stadt im «Freiheitsbrief» die Reichsunmittelbarkeit
1241	Mongolen stehen vor Wien und ziehen wieder ab
1258	Ein Großteil des Stephansdomes von einem Brand vernichtet
ab 1251 (bis 1278)	Wien unter der Herrschaft des Böhmerkönigs Przemysl Ottokar
1276	Großer Stadtbrand
1278	Rudolf von Habsburg (Stammsitz – erbaut um 1020 – im Gebiet der heutigen Schweiz, Kanton Aargau) zieht in Wien ein. Ottokar fällt nach der Entscheidungsschlacht
1324	Erste urkundliche Erwähnung des Wienerwaldes
1326	Feuersbrunst vernichtet zwei Drittel Wiens
1330–53	Bau des Chores und des Turmes der Kirche Maria am Gestade
1331	Einteilung Wiens in Stadtviertel
1338–49	Katastrophenjahre: Heuschrecken, Überschwemmungen, Erdbeben. Missernten
1349	Pest in Wien
1359	Grundsteinlegung zum Bau des gotischen Langhauses von St. Stephan durch Herzog Rudolf den Stifter
1361	Neuerlicher Großbrand
1365	Rudolf IV. gründet die Wiener Universität (Alma Mater Rudolphina)
1403	Erste Nennung des Wiener Praters
1410	Pest in Wien
1421	Verbrennung von zweihundert Juden. Inquisition. Liquidation des Ghettos
1433	Vollendung des Südturmes von St. Stephan
1452	Ladislaus Postumus zieht als Landesfürst in Wien ein
1455	Versuch einer Donauregulierung scheitert
1462	Kaiser Friedrich III. wird von den Ständen in seiner Burg in Wien belagert
1469	Wien wird Bischofssitz
1483	Ungarnkönig Matthias Corvinus belagert Wien. Bis 1490 steht Wien unter ungarischer Herrschaft
1490	Rückeroberung Wiens durch Maximilian I.
um 1520	Eindringen der Lehre Luthers
1529	Erste erfolglose Türkenbelagerung unter Sultan Suleiman II.
1541	Verheerende Beulenpest. Ein Drittel der Bevölkerung stirbt
1531–66	Anlegung der Basteien zur Festungsverstärkung
1552	Vollendung des Außentrakts der Hofburg, Errichtung des «Schweizertores»
1577	Verbot des Protestantismus
1598	Donauregulierung: Der «Wiener Kanal» wird schiffbar
1618–48	Dreißigjähriger Krieg
1643	Das schwedische Heer dringt nach Wien vor
1651	In Wien wird ein erstes «Comödiehaus» errichtet
1660	Blütezeit der italienischen Oper in Wien
1668	Brand der Hofburg
1677	Abraham a Sancta Clara wird Hofprediger
1679	Pestepidemie: 60 000 Todesopfer
1683	Zweite erfolglose Türkenbelagerung unter Kara Mustapha
1685	Erstes Wiener Kaffeehaus
1687	Erste Straßenbeleuchtung
1693	Errichtung der Dreifaltigkeitssäule (Pestsäule) am Graben
1695	Baubeginn von Schloss Schönbrunn
1704	Bau der Linienwälle zum Schutz der Vorstädte gegen den Einfall der Kuruzzen. Eine Bauordnung wird erlassen
1714–16	Bau des Unteren Belvedere durch Lukas von Hildebrandt
1716–39	Bau der Karlskirche durch Johann Bernhard Fischer von Erlach
1722	Wien wird Erzbistum. Fertigstellung des Oberen Belvedere
1733	Weihe der Peterskirche
1736	Das erste Wiener Kochbuch erscheint. Tod von Prinz Eugen
1740	Maria Theresia tritt die Regierung an

1752	Errichtung der Wiener Tier-Menagerie in Schönbrunn. Christoph Willibald Glück lässt sich in Wien nieder. Erlass der Keuschheitskommission
1762	Der zehnjährige Mozart in Wien
1766	Joseph II. öffnet allen Wienern das kaiserliche Jagdrevier «Prater»
1770	Einführung der Wiener Hausnummern
1773	Aufhebung des Jesuitenordens
1776	Errichtung der Gloriette in Schönbrunn und des k.u.k.-Hoftheaters (Burgtheater)
1784	Joseph II. stiftet das Allgemeine Krankenhaus. Gründung der Tabakregie
1792	Beethoven lässt sich in Wien nieder
1801	Eröffnung des Theaters an der Wien
1805	Napoleon I. stößt nach Wien vor. Kampflose Übergabe
1806	Die französischen Truppen verlassen die Stadt
1809	Bombardierung Wiens durch die Franzosen, Napoleon in Schönbrunn
1810	Die beiden Hoftheater werden nach Gattung Schauspiel und Oper getrennt
1814/1815	Der Wiener Kongress tagt und tanzt Walzer
1816	Gründung der Nationalbank
1826	Eröffnung der Wiener Synagoge
1828	Franz Schubert stirbt in Wien
1829	Gründung der Donau-Dampfschifffahrtsgesellschaft
1831	Cholera-Epidemie in Wien: 20 000 Tote
1832	Franz Grillparzer wird Direktor des Hofkammerarchivs
1835	Johann Strauß' Vater wird Hofballdirektor
1840	Erste Pferdeeisenbahn (1842 wieder eingestellt)
1844	Gründung der Wiener Philharmoniker durch Otto Nicolai
1848	Ausbruch der Märzrevolution. Metternich flieht
1849	Amtsantritt von Kaiser Franz Joseph I.
1849–55	Bau des Arsenals
1854	Elisabeth (Sissi) wird Kaiserin
1858	Die Basteien werden geschliffen
1860	Ignaz Philipp Semmelweis beweist den infektiösen, septischen Charakter des Kindbettfiebers und reduziert mit bisher in allen Spitälern der Welt unbekannten hygienischen Vorschriften in der Wiener Geburtshilflichen Klinik die hohe Müttersterberate auf ein Viertel
1861–63	Der Stadtpark wird angelegt
1862	Die Vorstädte werden eingemeindet. Johannes Brahms lässt sich für immer in Wien nieder
1865	Eröffnung der Wiener Ringstraße
1868	Eröffnung des Wiener Künstlerhauses
1869–75	Donauregulierung schafft den heutigen Flussverlauf
1872–88	Entstehung der Monumentalbauten entlang der Ringstraße
1873	Choleraepidemie und erste Wiener Hochquellenwasserleitung. Wiener Weltausstellung und Börsenkrach
1881	Erste Telefonlinie
1883	Erste Dampftramway
1896	Erstes Wiener Kino wird eröffnet. Der Wiener Nervenarzt Sigmund Freud verwendet erstmals den Begriff «Psychoanalyse»
1897	Vollendung des Wiener Riesenrades
1898	Joseph Olbricht erbaut die Wiener Sezession
1903	Elektrifizierung des Straßenbahnnetzes. Gründung der Wiener Werkstätte
1907	Der 18-jährige Adolf Hitler kommt nach Wien und wird an der Akademie der Bildenden Künste nicht angenommen
1913	Eröffnung des Wiener Konzerthauses
1914	Die Ermordung des Thronfolgers Franz Ferdinand in Sarajevo durch serbische Verschwörer löst den Ersten Weltkrieg aus
1916	Tod Kaiser Franz Josephs in Schönbrunn
1918	Ausrufung der demokratischen Republik «Deutsch-Österreich», Karl Renner Staatskanzler
1921	Abtrennung Wiens von Niederösterreich. Die Stadt erhält Rechte eines autonomen Bundeslandes
1927	Blutige Demonstrationen. Brand des Justizpalastes
1932	Erstes Wiener Hochhaus in der Herrengasse
1933	Ausschaltung des österreichischen Nationalrates
1934	Aufstand des Republikanischen Schutzbundes, Putschversuch der Nationalsozialisten
1935	Eröffnung der Wiener Höhenstraße. Der erste Opernball
1938	Einmarsch der deutschen Wehrmacht unter Hitler. Nach dem „Anschluss" Schaffung von Groß-Wien (Eingliederung der Randgemeinden); Wien wird zum Reichs-Gau
1945	Luftangriffe auf Wien. Bomberschäden. Beschädigung des Stephansdomes. Einnahme Wiens durch die Alliierten. Proklamation der Zweiten Republik. Aufbauarbeiten
1951	Erste Wiener Festwochen nach dem Krieg
1953	Bau des Wiener Ringturms
1955	Österreichischer Staatsvertrag. Wiedereröffnung der Wiener Staatsoper
1958	Eröffnung der Wiener Stadthalle
1959	Eröffnung des Historischen Museums der Stadt Wien am Karlsplatz
1960	Neuer Flughafen Wien-Schwechat
1962	Löschung der letzten Wiener Gaslaterne. Eröffnung des Museums des 20. Jahrhunderts (Karl Schwanzer)
1964	Eröffnung des Donauparks (Internationale Gartenschau)
1968	Beschluss des Wiener U-Bahn-Baus
1972	Beschluss des Altstadt-Erhaltungsgesetzes durch den Wiener Gemeinderat
1974	Erste Wiener Fußgängerzone in der Kärntnerstraße
1976	Abbruch des Schlachthofes Sankt Marx. Einsturz der Wiener Reichsbrücke
1979	Die Wiener UNO-City wird eröffnet
1980	Bauskandal um das neue Allgemeine Krankenhaus. Die neue Reichsbrücke wird dem Verkehr übergeben
1981	Eröffnung der Wiener Donauinsel
1989	Von der Öffnung Osteuropas profitiert Wiens wirtschaftliches, kulturelles und soziales Leben
1991	Die Wiener sprechen sich bei einer Volksabstimmung überraschend gegen die Abhaltung der Weltausstellung (EXPO) aus
1992	Dank der Eröffnung des Rhein-Main-Donaukanals ist Wien ab sofort per Schiff von der Nordsee und vom Schwarzen Meer aus erreichbar
1995	Österreich wird Mitglied der Europäischen Union
1996	Österreich feiert das 1000jährige Jubiläum seiner ersten urkundlichen Erwähnung als «Ostarrichi»
2000	Inbetriebnahme des Donaukraftwerks Freudenau
2001	Im Herbst wird nach über zehn Jahre währenden Planungs- und Bauarbeiten das neue Museumsquartier eröffnet. Im Sommer begehen die Wiener Festwochen ihr 50-Jahr-Jubiläum
2002	Fertigstellung der spektakulär um- und ausgebauten Gasometer
2003	Nach langen Jahren der Generalrenovierung wird im Frühjahr die Graphische Sammlung Albertina wiedereröffnet

Bilder nächste beiden Doppelseiten

• Für die Mietshäuser des gehobenen Fin-de-siècle-Bürgerstands charakteristische Lifte und Stiegenhäuser

• Schwimmhalle im Jörgerbad, Bezirk Hernals. Saunabereich im Amalienbad, Bezirk Favoriten

terra magica

terra magica

terra magica

terra magica

terra magica

Chronological table for the city of Vienna

500-1900 BC	Findings of Danubian band ceramics and from Bell Beaker culture
End of 3rd millennium	Indo-Germanic races penetrating from the north outnumber the original inhabitants
1200-500 BC	Early Iron Age, Hallstatt period. Findings from the Illyrian culture
ca. 400 BC	Late Iron Age, La-Tène period. Celts settle in present area of Vienna
15 BC	Emperor Augustus occupies the alpine countries. The Danube becomes border of the Roman Empire
50 AD	In the area of the modern-day Vienna inner city the Romans establish the base-camp of Vindobona for the 13th and later also the 10th legion
90	Extension of the Roman frontier wall
100	Under Emperor Trajan Vindobona becomes a fortified Roman citadel
169-171	Vindobona and Carnuntum (capital of Pannonia province) destroyed by the Germanic Markomans and Quadi
180	Marcus Aurelius dies in Vindobona
212	Vindobona becomes «Municipium» under Emperor Caracalla
280	Emperor Probus permits wine-growing and allows the planting of vines
ca. 300	First traces of Christianity
ca. 366	Vindobona named «Tabula Peutingeriana» on the late-Roman road map
ca. 395	Markomans and Quadi devastate Pannonia and Vienna once again
ca. 400	The name Vindobona mentioned for the last time in the «Notitia dignitatum», the late antiquity state handbook. Period of mass migration
433	Pannonia and Vienna occupied by the Huns
453	According to legend death of Attila in Vienna
455	Vienna becomes Ostrogothic
462	Arrival of St. Severin
550	Jordanes mentions «Vindomina» in his history of the Goths
570	Entry of the Awaren
after 600	Slavic settlements
791	According to legend Charles the Great stops in Vienna and founds the Church of St. Peter
ca. 800	Annexation by Bavaria
881	First mediaeval mention of Vienna in the Salzburg annals «ad Weniam»
ca. 900	Predatory raids by the Magyars in the Vienna region
955	Victory of Otto I (later Emperor Otto the Great) over the Magyars at Lechfeld
1030	The Niederaltaich annals mention «Viennis»
1095	Vienna taken over by the Babenbergs during the reign of Leopold III
1137	First documentary record of Vienna as «Civitas»- city
1147	Army of the Crusaders in Vienna. Consecration of the oldest building of the Church of St. Stephan
1156	Duke Heinrich II, Jasomirgott, moves from Klosterneuburg to Vienna. First Babenberg Residence
1158	King Barbarossa in Vienna
1172	Vienna given the title «civitas metropolitana»
1190	Walther von der Vogelweide taught «singing and folklore» in Vienna by Reinmar von Hagenau
1204	First evidence of the Viennese pfennig
from 1220 (to 1260)	Building of the Doorway of the Giants and western façade of St. Stephan with the Towers of the Pagans
ca. 1225	Oldest Viennese city seal «Sigillium civium Viennensium»: an eagle
1237	Emperor Friedrich II makes the city subject only to the emperor in the «Freedom Letter»
1241	Mongols reach the gates of Vienna and withdraw again
1258	A large part of the Cathedral of St. Stephen destroyed by fire
from 1251 (to 1278)	Vienna under the control of the king of Bohemia Przemysl Ottokar
1276	Major city fire
1278	Rudolf von Habsburg enters Vienna. Ottokar falls following the decisive battle
1324	First documentary mention of the Wienerwald
1326	Conflagration destroys two-thirds of Vienna
1330-53	Building of the choir and tower of the church of Maria am Gestade
1331	Division of Vienna into precincts
1338-49	Catastrophe years: locusts, floods, earthquakes, crop failures
1349	Plague in Vienna
1359	Laying of foundation stone for construction of the Gothic aisle of St. Stephan by Duke Rudolf the Founder
1361	Further great fire
1365	Rudolf IV founds the University of Vienna (Alma Mater Rudolphina)
1403	Vienna Prater first named
1410	Plague in Vienna
1421	Burning of two hundred Jews. Inquisition. Liquidation of the ghetto.
1433	Completion of south tower of St. Stephan
1452	Ladislaus Postumus enters Vienna as sovereign
1455	Attempt to regulate the Danube fails
1462	Emperor Friedrich III besieged in his Vienna fortress by the states
1469	Vienna becomes a bishopric
1483	King of Hungary Matthias Corvinus besieges Vienna. City under Hungarian domination until 1490
1490	Vienna reconquered by Maximilian I
ca. 1520	Teachings of Luther made known
1529	First unsuccessful Turkish siege under Sultan Suleiman II
1541	Devastating bubonic plague. One third of the population dies
1531-66	Installation of bastions to strengthen fortifications
1552	Completion of external wing of the Hofburg. Building of «Schweizertor»
1577	Protestantism banned
1598	Regulation of the Danube: the «Vienna canal» made navigable
1618-48	Thirty years war
1643	The Swedish army reaches Vienna
1651	A first «Comedy house» is opened in Vienna
1660	Heyday of Italian opera in Vienna
1668	Hofburg fire
1677	Abraham a Sancta Clara becomes court chaplain
1679	Plague epidemic: 60,000 deaths
1683	Second unsuccessful Turkish siege under Kara Mustapha
1685	First Viennese coffee house
1687	First street lighting
1693	Erection of Holy Trinity column («plague column») in the Graben
1695	Start of construction of Schönbrunn Palace
1704	Construction of ramparts to protect the outlying areas from attacks by the Kuruzzen. Building regulations issued
1714-16	Construction of the Lower Belvedere by Lukas von Hildebrandt

1716-39	Construction of the Church of St. Charles by Johann Bernhard Fischer von Erlach
1722	Vienna becomes an archbishopric. Completion of the Upper Belvedere
1733	Consecration of the Church of St. Peter
1736	The first Viennese cookery book appears. Death of Prince Eugene
1740	Maria Theresia joins the government
1752	Establishment of the Vienna animal menagerie at Schönbrunn. Christoph Willibald Glück takes up residence in Vienna. Decree by chastity commission
1762	Mozart in Vienna at age ten
1766	Joseph II opens the «Prater» imperial hunting grounds to all Viennese citizens
1770	Introduction of Vienna house numbers
1773	Abolition of Order of Jesuits
1776	Erection of Gloriette at Schönbrunn and the k.u.k. (imperial and royal) court theatre (Burgtheater)
1784	Joseph II founds the General Hospital. Establishment of state tobacco monopoly
1792	Beethoven takes up residence in Vienna
1801	Opening of the «an der Wien» theatre
1805	Napoleon I reaches Vienna. Surrenders without fight
1806	French troops leave the city
1809	Bombardment of Vienna by the French, Napoleon at Schönbrunn
1810	The two court theatres are separated according to functions of playhouse and opera
1814/1815	Congress of Vienna meets and dances waltzes
1816	Foundation of national bank
1826	Opening of Vienna synagogue
1828	Franz Schubert dies in Vienna
1829	Foundation of Danube Steamship Company
1831	Cholera epidemic in Vienna: 20,000 deaths
1832	Franz Grillparzer becomes director of exchequer archives
1835	Father of Johann Strauss becomes court ball director
1840	First horse-drawn railway (closed again in 1842)
1844	Foundation of Vienna Philharmonic Orchestra by Otto Nicolai
1848	Outbreak of March revolution. Metternich flees
1849	Emperor Franz Joseph I takes office
1849-55	Construction of arsenal
1854	Elisabeth (Sissi) becomes empress
1858	The bastions are removed
1860	Ignaz Philipp Semmelweis demonstrates the infectious, septic nature of puerperal (childbed) fever and reduces the high rate of maternity mortalities to a quarter with hygiene rules in the Vienna obstetrics clinic previously unknown in any hospital in the world
1861-63	City park laid
1862	The suburbs are incorporated in communities. Johannes Brahms takes up permanent residence in Vienna
1865	Opening of the Vienna Ringstrasse
1868	Opening of Vienna artists house
1869-75	Regulation of Danube creates present day river course
1872-88	Completion of monumental buildings along the Ringstrasse
1873	Cholera epidemic and first Viennese spring water supply Vienna world exhibition and stock-market collapse
1881	First telephone line
1883	First steam tramway
1896	First Vienna cinema opened. The Viennese neurologist Sigmund Freud first uses the term «psychoanalysis»
1897	Completion of the Vienna «Big Wheel»
1898	Joseph Olbricht creates for Vienna Secession
1903	Electrification of tramway system. Foundation of Vienna workshop
1907	The 18 years old Adolf Hitler comes to Vienna and is refused admission to the Academy of Fine Arts
1913	Opening of Vienna Concert House
1914	Murder of successor to the throne Franz Ferdinand in Sarajevo by Serbian conspirators starts First World War
1916	Death of Franz Joseph at Schönbrunn
1918	Proclamation of democratic republic «Germany-Austria» Karl Renner state chancellor
1921	Separation of Vienna from Niederöstereich. The city receives the rights of an autonomous federal state
1927	Bloody demonstrations. Fire in Palace of Justice
1932	First Viennese high-rise building in the Herrengasse
1933	Abolition of Austrian National Council
1934	Uprising of republican protection alliance, attempted putsch by National Socialists
1935	Opening of Vienna Höhenstrasse. First opera ball
1938	Entry of German troops under Hitler. Following the «Anschluss» creation of Greater Vienna (incorporation of bordering municipalities); Vienna becomes a Reichs-Gau
1945	Air raids on Vienna. Bomb damage. Damage to Stephan's cathedral. Vienna occupied by the Allies. Proclamation of Second Republic. Rebuilding
1951	First Vienna Festival after the war
1953	Construction of Vienna Ring tower
1955	Austrian state treaty. Re-opening of the Vienna State Opera
1958	Opening of Vienna City Hall
1959	Opening of City of Vienna Historical Museum in Karlsplatz
1960	New airport Vienna-Schwechat
1962	Extinction of last Viennese gas-lamp. Opening of Museum of 20th Century (Karl Schwanzer)
1964	Opening of Donau Park (International Garden Show)
1968	Decision to build Vienna metro system
1972	Order by Vienna municipal council for preservation of old city
1974	First pedestrian precinct in Vienna in Kärtnerstrasse
1976	Demolition of the Sankt Marx abattoir. Collapse of Vienna Reichsbrücke.
1979	Vienna UNO City opened
1980	Building scandal over the new General Hospital. The new Reichsbrücke opened to traffic
1981	Opening of Vienna Donauinsel
1989	The economic, social and cultural life of Vienna benefits from the opening of Eastern Europe
1991	The people of Vienna surprisngly vote in a popular poll against holding a world exhibition (EXPO)
1992	The opening of the Rhine-Main-Danube canal makes Vienna directly accessible by water from the North Sea and Black Sea
1995	Austria becomes a member of the European Union
1996	Austria celebrates the 1000th jubilee of its first documentary record as «Ostarrichi»
2000	Commissioning of the Danube Freudenau power station
2001	The new museum district is opened in autumn following over ten years planning and construction. The Vienna Festival commemorates its 50th anniversary in summer
2002	Completion of the spectacular conversion and enlargement of the Gasometer
2003	The Albertina Graphic Collection re-opens after many years of general renovation

Register

Die bei den Stichwörtern fett gedruckten Seitenzahlen nennen jene Seite, auf der die Legende zum entsprechenden Bild gedruckt ist.

Abraham a Sancta Clara 34
Achleitner, Friedrich 39
Adler, Alfred 163
Aichinger, Ilse 39
Akademie der bildenden Künste 52
Albertina **58,** 64
Albrecht 5
Allgemeines Krankenhaus 24
Alsergrund 163
Altenberg, Peter 38
Am Hof **138**
Amalienbad **189**
Architekturzentrum 52
Art Cult Center 52
Artmann, H. C. 39
Augustiner-Kirche 12
Babenberger 5
Bachmann, Ingeborg 39
Bäckerstraße **138**
Bastionen 16
Batthyanstiege 86
Bauer, Wolfgang 40
Bawag-Foundation **58**
Bayer, Konrad 39
Beer, Johann 34
Beer-Hofmann 38
Beethoven 30, 32
Belvedere 12, 58, **172, 175**
Berg, Alban 32
Bermudadreieck 152
Bernhard, Thomas 40
Biedermeier 8, 12, 16, 65
Billroth, Theodor 163
Blutgasse **150**
Borch, Hermann 38
Brahms, Johannes 32
Braun & Co 138
Brecht 70
Breuner Palais **138**
Brod, Max 38
Bruckner, Anton 32
Burggarten 30
Burgtheater 40, **112**
Cesti, Marc Antonio 30
Christen, Ada 38
Coop Himmelb(l)au 27
Demel **65,** 144
Doderer **34,** 38, 165, **165**
Dogenhof **158**
Dollfuß 10, 22
Donauinsel 153, **153**
Donauinselfest 46
Donner, Georg Raphael 175
Dorotheum 144, **144**
Dreimäderlhaus 112, **116**

Dreißigjähriger Krieg 6
Ebner-Eschenbach 38
Eckhaus zur Köstlergasse **17**
Ehn, Karl 20
Einem, Gottfried von 32
Ephesos-Museum 86
Ernst, Gustav 39
Eroica-Saal **32**
Erster Weltkrieg 9
Esperanto-Museum 86
Esterházy 32
Eugen, Prinz 77, 122, 172
Fabiani, Max 16
Fall, Leo 32
Favoriten **189**
Fendrich, Reinhard 34
Ferdinand I. 5, 77
Ferstel Palais **122**
Ferstel, Heinrich von 98, 112
Figlmüler-Passage **138**
Fischer von Erlach **2,** 52, 87, **87,** 166
Fleischmarkt **122, 138**
Franz Ferdinand 9
Franz I. Stephan 167
Franz II. 6, 77
Franz Joseph 8, 82, 92, 166
Franziskanerplatz **138**
Franz-von-Assisi-Kirche **156**
Freud, Sigmund 70, 73, 116, 164
Freyung **122,** 152
Friedrich III. 5, 122
Fux, Joseph 30
Gasometer 27, **27**
Generali-Foundation **58**
Gessner, Hubert 20
Gloriette 166, **167**
Gluck 30
Glück, Harry 24
Goethe **34**
Graben **144**
Gran, Daniel 87
Griechisch-orthodoxe Kirche **122**
Griensteidl 150
Grillparzer 34, 39
Grinzing **70,** 72
Grün, Anastasius 38
Gütersloh, Albert Paris 38
Haas-Haus 117, **117**
Habsburg 5
Habsburger 6ff, 12, 30, 47
Habsburgergasse **144**
Hackl, Erich 40
Hallamasch 46

Handke, Peter 39
Hansen, Theophil von 44, 112, 116
Hasenauer **47,** 77, **77,** 112
Haslinger, Josef 40
Hauer, Joseph Matthias 32
Hauptfeuerwache **138**
Haus der Musik **30**
Hawelka **152**
Haydn 32
Heinrich II. Jasomirgott 152
Heldenplatz 10
Heller, André 74
Hernals **189**
Herzmanovsky-Orlando 38
Hietzing **178**
Hildebrandt, Johann Lukas von 163, 172
Historisches Museum 58
Hitler 10, 77
Hochholzerhof **130**
Hofburg **6,** 12, 77ff, 77, 82, 87
Hoffmann, Josef 16
Hofmannsthal 38
Hoher Markt 150
Hollein, Hans 27, 117
Holocaust-Denkmal **130,** 152
Hörgänge 46
Horvath 38
Hundertwasser 58, 175, **175**
ImPuls-Festivals 46
Jan III. Sobieski 6
Jandl, Ernst 39
Jelinek, Elfriede 40
Jonke, Gert 39
Jörgerbad **189**
Josefstadt 163
Joseph II. 6, 34, 74, 163
Josephinum 164
Judenplatz 130, 152
Jugendstil-Theater **46**
Justizpalast 10
Kafka 38
Kahlenbergerdorf 180
Kaisertafel **82**
Kálmán, Emmerich 32
Kammeroper 44
Kapuzinergruft **6**
Karl VI. 6, 77
Karlskirche **2,** 92
Karlsplatz 58
Kärntner Ring 144
Kinsky Palais **122**
Kirche «Zu den neun Chören der Engel» **130**

Kisch, Egon Erwin 38
Klimt, Gustav 17, 47
Knize 20, **20**
Kohlmarkt **82,** 144
Kokoschka 38
Koneritsch, Alfred 39
Königgrätz 9
Konzerthaus 44, **44**
Kornhäusel, Joseph **11,** 13
Krafft-Ebing, Richard 164
Kraus, Karl 18, 38
Krenek, Ernst 34
Kubin, Alfred 38
Kunstforum 58, **58**
Kunsthalle **47**
Kunsthaus Wien 58, 178
Kunsthistorisches Museum 47, **47,** 64, **104**
Künstlerhaus **52,** 58
Kursalon **92**
Lainzer Tiergarten 184
Lanner, Josef 32, 163
Lasker-Schüler 38
Lehár, Franz 32
Lenau, Nikolaus 38
Leopold I. 30, 77, 82, 166
Leopold-Museum 52, **52**
Leopoldsberg **180**
Leopoldskirche **180**
Leopoldstadt 158
Lichtenstein Palais **64**
Linienwall 16
Lipizzaner 86
Lobau **153**
Lobkowitz 32, **32, 58**
Loos, Adolf 18ff, **20,** 144
Lueger, Karl 9, **9**
Dr.-Karl-Lueger-Gedächtniskirche 74
Mahler 30, 32
Majolikahaus 17, **17**
Makart, Hans 47
Mann, Heinrich 38
Maria am Gestade 12, **13**
Maria Theresia 6, **6,** 167
Maria vom Siege **167**
Mariahilfer Straße 159
Maria-Theresien-Denkmal **104**
Matthias Corvinus, 5
Maximilian I. 5
Maximilian II. 77,166
Mayerling 184
Mayröcker, Friederike 39
Mechitharistenkloster **40,** 163
Messerschmidt, Franz Xaver 175
Metropol **40**
Metternich 8, 16
Mexikoplatz 156, **156**
Meyrink, Gustav 38
Michaelergruft **76**

Michaelerkirche **77, 117**
Michaelerkuppel 86
Michaelerplatz **82, 87, 144,** 150
Michaelertor **82**
Millöcker, Carl 32
Minoriten-Kirche 12, **13, 112**
Mölker Bastei 112, **116**
Monteverdi, Claudio 30
Morzinplatz **130**
Moser, Kolo **17**
Mozart 30, **30,** 32
Mozartfest 46
Museum für Angewandte Kunst **52**
Museum für Bestattungswesen **74,** 76
Museum moderner Kunst 52, **52**
Museumsquartier 25,47, **47, 104**
Musikverein 44
Musil 38
Napoleon 6, 167
Narrenturm 164
Naschmarkt 159, **159, 163**
Nationalbibliothek **34,** 87, **87**
Neue Burg 77, **77**
Neugebäude 12, 74
Null, Eduard van der 104
Nussdorf **70**
Olbrich, Joseph Maria 16, 58
Orangerie 58
Osmanen 6
Österreichische Galerie 58
Österreichisches Barockmuseum 175
Österreich-Ungarn 8
Otto der Große 5
Ottokar 5
Ottokar Przemysls 77
Pacassi, Nikolaus 167
Palmenhaus im Burggarten 98
Palmenhaus in Schönbrunn **167**
Pannonien 5
Parlament **104,** 112
Pathol.-anatomisches Bundesmuseum 165
Perutz, Leo 38
Peterskirche **122**
Peymann, Claus 40
Pilgram, Anton 117
Plecnik, Josef 16, **18**
Postsparkasse 18, 92, **92**
Prater **2,** 184ff, **185**
Praterstern **185**
Preußen 9
Qualtinger, Helmut 74
Radetzky 92
Raimund 34, **34**
Raimundtheater 44
Rainer, Roland 24

Ransmayr, Christoph 40
Rathaus **104,** 112
Reich, Wilhelm 164
Reichsbrücke **22,** 156
Riesenrad **2,** 185, **185**
Rilke 38
Ringstraße 8, 92
Ronacher **40**
Rosei, Peter 39
Rossauer Kaserne **112**
Roth, Joseph 38
Rudolf I. 5, 77
Rudolf IV. 5
Rudolf, Kronprinz 184
Rühm Gerhard 39
Ruprechtskirche 12, **122,** 150
Saar, Ferdinand von 38
Salten, Felix 38
Sarajewo 9
Scharang, Michael 39
Schatzkammer 6, 87
Schiele, Egon 52
Schnitzler 38
Schöffel, Josef 180
Schönberg, Arnold 32
Schönbrunn 12, 166ff, **167**
Schottenkirche **122**
Schreker, Franz 32
Schubert 32, 138, 165
Schutting, Julian 39
Schwarzenberg 9
Schweizerhof 77
Secession **13,** 58
Semmelweis, Ignaz Philipp 163
Semper, Gottfried **47,** 77, **77,** 112
Semper-Depot **58**
Serapionstruppe 40
Siccardsburg, August von 104
Silberkammer **82,** 87, **87**
Simmering **27,** 74
Sisi 166
Soyfer, Jura 38
Spanische Hofreitschule 87
Spittelberg 159, **159**
Staatsoper 44, 88, 104
Stadtpark **30,** 92, 98
Stallburg 12, 77, 86
Stelzhamer, Franz 38
Stephansdom 2, 5, 12, 117ff, **117**
Stifter 38
Stock-im-Eisen-Platz **138**
Stolz, Robert 32
Stranitzky, Joseph Anton 34
Strauß, Johann 30, 32, 92
Strauss, Richard 32
Strindberg 38
Strudlhofstiege 165, **165**
Suppé, Franz von 32
Suttner, Bertha von 38
Swieten, Gerard van

163
Synagoge 11, 152, 158
Tabakmuseum 52, **52**
Tanzquartier 52
Technisches Museum **64**
Theater an der Wien 44, **159**
Theater in der Drachengasse 40
Theater in der Josefstadt 40, 163
Theatermuseum **32, 58**
Theseustempel **112**
Tiergarten 172
Torberg, Friedrich 38
Trakl, Georg 38
Trotzki 70
Tuchlauben **130**
Türken 12
Turrini, Peter 40
Universität 112
UNO-City **22,** 24, 153
Urania 92
Vetsera, Mary 184
Vienna's English Theatre **40,** 44
Vindobona 5
Volksgarten **112**
Volksoper 44
Vormärz 8, 16
Votivkirche **2,** 112
Wagner von Jauregg, Julius 164
Wagner, Otto 16ff, **17, 46,** 92, **92**
Waldmüller 180
Walther von der Vogelweide 34
Webern, Anton von 34
Wedekind 38
Weghuber-Park 34
Weinheber 38
Werfel, Franz 38
Westlicht **58**
Whitebread, Rachel 152
Wien modern 46
Wiener Klassik 30
Wiener Kongress 6
Wiener Musikverein **92**
Wiener Philharmoniker 44
Wiener Zentralfriedhof **73,** 184
Wiener, Oswald 39
Wienerwald 180
Wildgans, Anton 38
Windischgratz 8
Wittgenstein, Ludwig 39
Wolf, Hugo 32
Wolfgruber, Gernot 39
Zacherlhaus **18**
Zeller, Carl 32
Zemlinsky, Alexander 32
Zirkus- und Clownmuseum **58**
Zita **74**
Zoom-Kindermuseum 52
Zweig, Stefan 38
Zweiter Weltkrieg 11

terra magica – DIE SCHÖNSTEN SEITEN DER WELT

Elke und Dieter Losskarn
NAMIBIA
216 Seiten mit 191 Farbfotos,
davon 66 doppelseitige
Farbtafeln, farbige Karte
Spektrumformat
ISBN 3-7243-0337-8

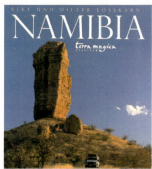

Oliver Bolch
CHINA
208 Seiten mit 210 Farbfotos,
farbige Karte
Spektrumformat
ISBN 3-7243-0369-6

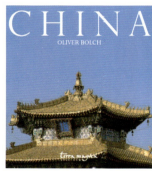

Max Schmid / Kristine Jaath
NORWEGEN
208 Seiten mit 200 Farbfotos,
68 doppelseitige Farbtafeln,
farbige Karte
Spektrumformat
ISBN 3-7243-0372-6

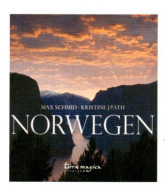

Petra Woebke
DIE TRANSSIBIRISCHE
EISENBAHN MOSKAU –
WLADIWOSTOK
208 Seiten mit 236 Farbfotos,
59 doppelseitige Farbtafeln, farbige Karte
Spektrumformat
ISBN 3-7243-0383-1

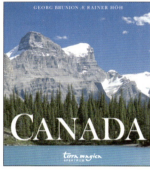

Georg Brunion und Rainer Höh
CANADA
208 Seiten mit 180 Farbfotos,
62 doppelseitige Farbtafeln,
farbige Karte
Spektrumformat
ISBN 3-7243-0357-2

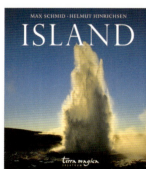

Max Schmid / Helmut Hinrichsen
ISLAND
208 Seiten mit 203 Farbfotos,
67 doppelseitige Farbtafeln,
farbige Karte
Spektrumformat
ISBN 3-7243-0375-0

Wolfram Müller / Katrin
Pieringer / Kurt Stüwe
TIBET
208 Seiten mit ca. 200 Farbfotos, 50 doppelseitige Farbtafeln, farbige Karte
Spektrumformat
ISBN 3-7243-0382-3

Christian Prager / Kristine Jaath
DEUTSCHLAND
208 Seiten mit 194 Farbfotos,
59 doppelseitige Farbtafeln,
farbige Karte
Spektrumformat
ISBN 3-7243-0358-0

C. Prager / E. Diezemann
SCHOTTLAND mit HEBRIDEN
ORKNEY und SHETLAND
200 Seiten mit 175 Farbfotos,
davon 61 doppelseitige Farbtafeln, farbige Karte und
Dudelsack-CD
Spektrumformat
ISBN 3-7243-0366-1

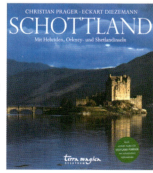

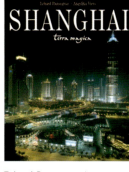

Erhard Pansegrau /
Angelika Viets
SHANGHAI
180 Seiten mit 148 Farbfotos,
farbiger Stadtplan,
ISBN 3-7243-0368-8

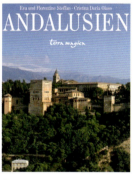

Eva und Florentine Steffan /
Christina Doria Olaso
ANDALUSIEN
180 Seiten mit 171 Farbfotos,
46 doppelseitige Farbtafeln,
farbige Karte
ISBN 3-7243-0374-2

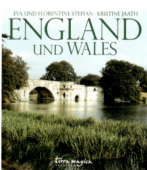

Eva und Florentine Steffan /
Kristine Jaath
ENGLAND UND WALES
208 Seiten mit über 230 Farbfotos, davon 57 doppelseitige
Farbtafeln, farbige Karte
Spektrumformat
ISBN 3-7243-0381-5

Max Schmid / Gunter Mühl
NEUSEELAND
208 Seiten mit 190 Farbfotos,
farbige Karte
Spektrumformat
ISBN 3-7243-0371-8

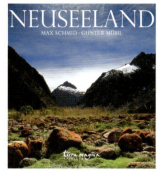

Elke und Dieter Losskarn
SÜDAFRIKA
208 Seiten mit 195 Farbfotos,
über 60 doppelseitige Farbtafeln,
farbige Karte
Spektrumformat
ISBN 3-7243-0359-0

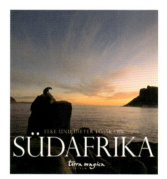

Max Schmid / Beate Gorman
AUSTRALIEN
208 Seiten mit über 160 Farbfotos, davon 64 doppelseitige
Farbtafeln, farbige Karte
Spektrumformat
ISBN 3-7243-0360-2

Heinz Knapp / Kristine Jaath
ÄGYPTEN
208 Seiten mit 192 Farbfotos,
farbige Karte
Spektrumformat
ISBN 3-7243-0370-X

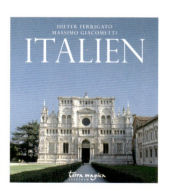

Björn Göttlicher /
Andreas Drouve
PORTUGAL
208 Seiten mit 200 Farbfotos,
davon 65 doppelseitige Farbtafeln,
farbige Karte
Spektrumformat
ISBN 3-7243-0379-3

Dieter Ferrigato /
Massimo Giacometti
ITALIEN
208 Seiten mit über 220 Farbfotos,
davon 50 doppelseitige Farbtafeln,
farbige Karte
Spektrumformat
ISBN 3-7243-0376-9

**Verlangen Sie ausdrücklich terra magica!
In jeder Buchhandlung.**

«Der dritte Mann»
(Harry Lime Theme)
gespielt von Anton Karas

Aufnahme aus CD Sonia 77156 *«Wiener Klänge» A Portrait Of Anton Karas*

**Mit freundlicher Genehmigung der
DA MUSIC GMBH, 49356 Diepholz/Germany
Tel.: 0049-(0)5441-9869-0 / Fax: 0049-(0)5441-9869-66
www.da-music.de / info@da-music.de**

Steckhülle bitte vorsichtig öffnen, damit die bespielte Hinterseite der CD nicht zerkratzt wird.
Am besten Brieföffner so einführen, dass er nur die bedruckte Vorderseite berührt.

terra magica